4訂

紛争類型別の要件事実

民事訴訟における攻撃防御の構造

ま　え　が　き

　この資料は、司法研修所から刊行されたものです。

　実務に携わる各位の好個の参考資料と思われるので、当局のお許しを得て領布することといたしました。

　　　令和5年3月

　　　　　　　　一般財団法人　法　　曹　　会

は　し　が　き

　民事訴訟において、要件事実が何であるかを理解することは、当事者が主張する各種の法律効果の発生の有無を判断するために不可欠であり、早期に紛争の全体像を把握し、的確な争点及び証拠の整理をした上、整理された争点について証拠調べを集中的に行うという、あるべき民事訴訟の運営を実現するためには、裁判所と訴訟代理人とが、要件事実の意義と機能についての理解を共通にし、互いに協力して民事訴訟を運営することが必要である。

　要件事実の理論が実践に果たすこの重要な役割を考えると、民法の主要条文ごとの要件事実について解説した教材のほかに、初めて要件事実の理論に接する司法修習生のために、できる限り分かりやすく、かつ、実際の訴訟に即して紛争類型ごとに要件事実を解説した基礎的な教材が存在することが望ましいものと思われる。

　そこで、当教官室は、平成7年1月以降の研修時報の「民裁教官室だより」において、「民事訴訟における攻撃防御の構造─紛争類型別の要件事実」と題して、所有権に基づく不動産明渡請求訴訟（研修時報第92号）、不動産登記請求訴訟（研修時報第94号）、動産引渡請求訴訟（研修時報第96号）、賃貸借契約の終了に基づく不動産明渡請求訴訟（研修時報第98号）、譲受債権請求訴訟（研修時報第100号）と紛争類型別の要件事実についての解説を発表してきた。

　このたび当教官室では、このようにして発表してきた紛争類型別の要件事実についての解説を1冊に合本して利用しやすくすることとし、既発表の各解説をすべて収録した上、売買契約に基づく代金支払請求訴訟及び目的物引渡請求訴訟並びに貸金返還請求訴訟及び保証債務履行請求訴訟についての紛争類型別の要件事実の解説を新たに加えて、本書を作成した。合本に際しては、既発表の解説に加筆訂正を行うほか、図表等を加え、なお一層分かりやすい教材とすることに心掛けた。

　司法修習生が、本書を手掛かりにして、実際の訴訟に即した要件事実の理論

の基礎を固め、更に進んで判例理論や実体法上の議論についても自ら研究し、体系的な理解を深めていくことを期待している。

　　平成11年3月

　　　　　　　　　　　　　　　　　　　　司法研修所民事裁判教官室

改訂に当たって

　「民法の一部を改正する法律」（平成16年法律第147号）により、民法典全体が現代語化され、保証に関する規定等、若干の条文は内容も改正された（平成17年4月1日施行）。また、不動産登記法が全面改正された（平成16年法律第123号。平成17年3月7日施行）ほか、会社法（平成17年法律第86号）が成立し、「会社法の施行に伴う関係法律の整備等に関する法律」（平成17年法律第87号）により、有限会社法等が廃止され、商法も一部改正された（いずれも平成18年5月1日施行）。

　そこで、これらの法律の改正に即した改訂を行うとともに、司法修習生からの質問が多い箇所の説明を加えるなど、最小限の加筆訂正を行い、併せて、本書刊行後の重要な判例を補充した。

　　　平成18年9月

司法研修所民事裁判教官室

3訂に当たって

　「民法の一部を改正する法律」（平成29年法律第44号）により、民法のうち債権関係の分野について全般的な改正が行われた（一部の例外を除いて令和2年4月1日施行）。

　そこで、上記の改正に即した改訂を行うとともに、前回の改訂後の重要な判例を補充するなどした。今回の改訂に当たっては、実務的な視点を取り入れるために、東京地方裁判所の裁判官の御協力を得た。

　司法修習生が、本書を手掛かりにして、上記の改正についての理解を深め、要件事実の考え方を修得し、更に進んで判例理論や実体法上の議論についても自ら研究し、主張分析（争点整理）の基礎を固めていくこと、法律実務家となった後も、研さんを積んでいくことを期待している。

　今後、上記の改正に関する裁判実務の動向や、各方面からの御意見を踏まえて、必要な改訂を行っていきたい。

　　令和3年2月

司法研修所民事裁判教官室

4訂に当たって

　当教官室では、令和3年2月に、「民法の一部を改正する法律」（平成29年法律第44号）による民法（債権関係）の改正に即した改訂等を行い、「3訂　紛争類型別の要件事実　民事訴訟における攻撃防御の構造」を発刊し、同年10月に、その追補として、債権者代位訴訟及び詐害行為取消訴訟についての解説を作成し、別冊「3訂　紛争類型別の要件事実　追補　民事訴訟における攻撃防御の構造」を発刊したところである。この度、これらを1冊に合本した上、請負関係訴訟についての解説を新たに加えて、「4訂　紛争類型別の要件事実　民事訴訟における攻撃防御の構造」を発刊したものである。
　　令和4年10月

司法研修所民事裁判教官室

凡　例

条文・法令

　　本文中の条文の表記は、法令名と数字をもって示した。法令の略語は一般の慣用に従った。なお、平成29年法律第44号を単に「改正法」という。

判例

　　出典の表示は一般の慣用に従った。最高裁判所判決の出典の末尾に付した［　］内の番号は、法曹会発行最高裁判所判例解説民事篇中の解説番号を示す。

文献

　　文献の略語及び引用方法はすべて一般の慣用に従った。ただし、我妻栄・新訂民法総則、新訂債権総論は、我妻・民法総則、債権総論とし、また、本書を引用する場合に限り、頁数の後に「頁」の語を付した。

略号

　　図表等の略号については、請求原因をKg、抗弁をE、再抗弁をR、再々抗弁をD、再々々抗弁をTとするのが通例であるので、これに従った。

目　　次

第7章　譲受債権請求訴訟

第1章　売買契約に基づく代金支払請求訴訟
　　　　及び目的物引渡請求訴訟

第1　はじめに

　　　民法の規定する典型契約には種々のものがあるが、なかでも売買契約は取引の中心を占める重要な契約類型である。実際の訴訟では、売買契約に基づく代金支払請求、目的物引渡請求がされることはもとより、権利の移転原因、権利の喪失原因として売買契約が主張されることも多い。

　　　ここでは、そのうち、売主が買主に対して売買契約に基づき売買代金の支払を求める場合（第2）、買主が売主に対して売買契約に基づき目的物の引渡しを求める場合（第3）について、その訴訟物及び典型的攻撃防御の構造を概観する。

第2　売買代金支払請求

　1　設例

　　　まず、売主Xが買主Yに対して売買契約に基づき代金の支払を求める場合について検討する（設例1）。

```
【設例1】
      売買代金
  X ⟹ Y
  売主（売買）買主
```

　2　訴訟物

　(1)　結論

　　　　設例の場合の訴訟物は、売買契約に基づく代金支払請求権である。

　　　　また、XがYに対して民法575条2項本文にいう利息の支払を請求する場合の訴訟物は、その法的性質を遅延損害金とする見解（我妻・債権各論中一312等）によれば代金支払債務の履行遅滞に基づく損害賠償請求権であり、法定利息とする見解（大判昭6.5.13民集10.252等）によれ

ば法定利息請求権である。

(2)　一部請求

ア　判例は、一個の債権の数量的な一部についてのみ判決を求める旨を明示した請求の場合、その部分のみが訴訟物となるとする（最判昭37.8.10民集16.8.1720等）。

イ　例えば、Xが、売買代金600万円のうち弁済を受けた200万円を控除した残額400万円を請求するという申立てがされた場合、訴訟物はどのように特定されるかが問題となる。

200万円の弁済を受けたとの主張は、一部請求の訴訟物である残額400万円を特定するために必要であるとする見解もあるが、単なる機械的・数量的な分割に基づく一部請求も請求の特定に欠けるところがないとして許容する判例（前掲最判昭37.8.10等）の見解に立てば、この主張は請求を特定するための主張としては不要である。

この判例の見解によれば、その場合の訴訟物は600万円の売買代金全体ではなくそのうちの400万円であるから、通常は、この主張を抗弁の先行自白と解する余地はなく、単なる事情にすぎないことになる。

3　請求原因

(1)　売買代金支払請求

売買契約の成立によって代金支払請求権は直ちに発生するから、売主Xが買主Yに対して売買契約に基づき代金の支払を請求する場合、Xは、請求原因において、

XがYとの間で売買契約を締結したこと

を主張立証すれば足りる。

ア　代金額

売買契約は、財産権を移転すること及びその対価として一定額の金員を支払うことの合意によって成立するから（民法555条）、売買契約が成立するためには、目的物が確定していることのほか、代金額又は代金額の決定方法が確定していることが必要であり、Xが売買契約の締結を主張する場合には、代金額又は代金額の決定方法の合意を主張しなければならない。

　もっとも、具体的な訴訟において、これをどの程度まで具体化して主張しなければならないかという点は、別個の問題であり、個別の訴訟ごとにその要件事実の果たす役割を踏まえ、具体的に決せられるべきである。例えば、売買代金請求訴訟において、代金額又は代金額の決定方法の合意が具体的に主張されるべきことは当然のことであるが、他方、売買契約に基づく目的物引渡請求訴訟（後記第3）において、錯誤の有無のみが争われており、売買契約の締結自体は実質的争点となっていないような場合には、「時価」といった程度の主張でも足りよう。

　Xの主張した代金額と証拠により認定できる代金額との間に相違がある場合、Xは通常は契約の同一性を損なわない範囲内で異なる代金額をも黙示に主張していると考えられるから、その範囲内であればXの明示の主張と異なる代金額による売買契約の締結を認定することは差し支えない。

イ　代金支払時期

　売買契約は、代金支払債務の履行期限を契約の本質的要素（要件）とするものではないから、売買代金支払債務の履行について期限の合意がある場合であっても、Xは、その期限の合意と期限の到来を請求原因で主張立証する必要はない。このように、売買代金支払債務の履行についての期限の合意は、売買契約の付款にすぎない。

　付款をめぐる主張立証責任の分配については、付款の存否はその対象となる法律行為の成立要件と不可分なものであり、付款部分のみを独立の攻撃防御方法とすることはできないとする見解（否認説）もあるが、付款は、それが付された法律行為の成立要件ではなく、付款の主張立証責任は、これによって利益を受ける当事者に帰属すると解すべきである（抗弁説）。

　したがって、Xは、請求原因において、期限の合意及びその期限の到来を主張立証する必要はなく、期限の合意はYが主張立証責任を負う抗弁事実、さらにその期限の到来は期限の合意に対するXの再抗弁事実にすぎない。

　ウ　目的物の引渡し、所有

　　　目的物をYに引き渡したことも、売買代金支払請求権の発生要件で
　　はないから、Xが請求原因においてこれを主張立証する必要はなく、
　　Yから同時履行の抗弁が主張された場合にこれに対する再抗弁として
　　主張すれば足りる（8頁）。

　　　また、他人の財産権を目的とした売買契約も有効である（民法561
　　条）から、Xは、売買契約締結当時、目的物がXの所有であったこと
　　を主張立証する必要はない。

Kg

> X・Y売買契約

(2)　附帯請求

　　売主Xが買主Yに対し、附帯請求として、民法575条2項本文にいう
　利息の支払を請求する場合の請求原因は、その法的性質をどのように解
　するかによって異なる。

　ア　遅延損害金（遅延利息）説

　　　民法575条2項本文は、買主の履行遅滞の責任を目的物の引渡しま
　　で発生させないこととする旨を定めたものであり、「利息」とは、遅
　　延損害金であると解する説である。この説によれば、Xは、請求原因
　　として、Yの代金支払債務の履行遅滞に基づく損害賠償請求権の発生
　　原因事実に加えて、XがYに対して売買契約に基づき目的物を引き渡
　　したことを主張立証する必要がある。

　(ア)　代金支払債務の履行遅滞に基づく損害賠償請求権の発生原因事実は、

　　①　XがYとの間で売買契約を締結したこと

　　②　代金支払債務の履行期が経過したこと

　　③　XがYに対して①の契約に基づき目的物の引渡しの提供（目的
　　　物が不動産の場合は、目的物の所有権移転登記手続（及び引渡
　　　し）の提供）をしたこと

　　④　②の時期以降の期間の経過

　　である。

　代金支払債務が存在することが履行遅滞の当然の前提となるから、その債務の発生原因事実として、①の主張立証が必要となる（なお、これは、売買代金支払請求の請求原因としても主張されている。）。

　②については、履行期の種類によって異なるから、Xは、

［A］　代金支払債務について、確定期限の合意をしたこと（なお民法573条参照）及びその期限の経過（民法412条1項）

［B］　代金支払債務について、（ⅰ）不確定期限の合意をしたこと、（ⅱ）その期限の到来、並びに、（ⅲ）その後に、XがYに対して代金支払を求める催告をしたこと及びその日の経過、又は、Yがその期限の到来を知ったこと及びその日の経過（同条2項）

［C］　XがYに対して代金支払を求める催告をしたこと及びその日の経過（同条3項）

のいずれかを主張立証する必要がある。

　なお、民法412条2項及び3項では、債務者が「履行の請求を受けた時」から遅滞が生じるとされているが、請求を受けた日に履行すれば遅滞とならないのであるから（大判大10.5.27民録27.963参照）、その日の経過が必要である。

　また、売買契約は、双務契約であるから、①によって、代金支払債務に同時履行の抗弁権（民法533条）が付着していることが基礎づけられている。同時履行の抗弁権の存在は、履行遅滞の違法性阻却事由に当たると解されているので（存在効果説。最判昭29.7.27民集8.7.1455[74]、我妻・債権各論上153）、同時履行の抗弁権の存在効果を消滅させるため、③の主張立証が必要となる。

　④については、一般的には、「損害の発生とその数額」が要件事実であるが、金銭債務の不履行の場合、特約がなくとも、当然に債務者が遅滞の責任を負った最初の時点における法定利率（改正法の施行時の法定利率は年3パーセントとされ、3年を一期とし、一期ごとに所定の基準により変動するものとされている。民法404条）の割合による損害金を請求することができる（民法419条1項本文）から、法定利率の割合による損害金を請求する場合は、②の時期以降の期間の経過のみが要件事実となる。

(イ)　また、民法575条2項本文により、

⑤　XがYに対して①の契約に基づき目的物を引き渡したこと

⑥　⑤の時期以降の期間の経過

の主張立証が必要となる。

　⑤の引渡しは、占有の移転を意味し、目的物が不動産の場合の買主への移転登記はこれに当たらない（大判昭12.2.26民集16.176）し、引渡しの提供では足りない。そうすると、③のうち、目的物の引渡しの提供については、この⑤の中に含まれることになる。

(ウ)　請求原因は、(ア)及び(イ)双方の要件事実が必要となるから、

①　XがYとの間で売買契約を締結したこと

②[A]　代金支払債務について、確定期限の合意をしたこと及びその期限の経過

　又は、

[B]　代金支払債務について、(ⅰ)不確定期限の合意をしたこと、(ⅱ)その期限の到来、並びに、(ⅲ)その後に、XがYに対して代金支払を求める催告をしたこと及びその日の経過、又は、Yがその期限の到来を知ったこと及びその日の経過

　又は、

[C]　XがYに対して代金支払を求める催告をしたこと及びその日の経過

③　XがYに対して①の契約に基づき目的物を引き渡したこと（目的物が不動産の場合は、目的物を引き渡したこと及びその所有権移転登記手続の提供をしたこと）

④　②の時期と③の時期のより遅い時期以降の期間の経過

となるが、④は、摘示を省略するのが通常である。

イ　法定利息説

　民法575条2項本文は、買主の履行遅滞の有無にかかわらず、目的物の引渡しがあった時から買主に代金の利息支払義務を負わせたものであり、「利息」とは、法定利息であると解する説である。この説によれば、Xは、請求原因として、

① XがYとの間で売買契約を締結したこと

② XがYに対して①の契約に基づき目的物を引き渡したこと（目的物が不動産の場合も、目的物の所有権移転登記手続の提供をしたことは必要ない。）

③ ②の時期以降の期間の経過

を主張立証する必要があるが、③は、摘示を省略するのが通常である。

　なお、この説を前提とすると、民法575条2項本文の利息請求と遅延損害金請求との関係については、法条競合とする見解と請求権競合とする見解とが考えられる。前者によれば、同項の利息請求以外に遅延損害金請求を一切認めないことになるのに対し、後者によれば、遅延損害金請求の場合には同項の趣旨に照らし売主の目的物の引渡しをその要件に加える見解と、両者は要件を異にする別個の権利であるからこれを不要とする見解とが更に考えられる。

　　遅延損害金説　Ｋｇ

| X・Y売買契約 |
| 履行期の経過 |
| X→Y目的物引渡し |
| 履行期又は引渡時以降の期間の経過 |

4　抗弁以下の攻撃防御方法

(1) 条件、期限

　条件、期限は法律行為の付款である。付款をめぐる主張立証責任の分配については、付款によって利益を受けるYが付款の合意について主張立証責任を負担する（3頁）。したがって、例えば、Xの売買代金請求権の発生が将来生起することの不確実な事実の発生にかかっている場合（停止条件）、Yは、売買契約に停止条件を付する合意の成立を抗弁として主張することができ、その事実が発生したとの主張は、これに対するXの再抗弁である。

　売買代金支払債務に履行期が定められており（履行期限）、その履行

期が到来していない場合には、前同様に、Yは履行期の合意があること
を抗弁として主張することができる。

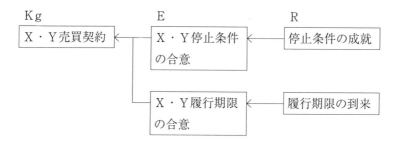

(2)　同時履行

　ア　同時履行の抗弁

　　　Yは、Xの代金支払請求に対し、

　　　　　Xが目的物の引渡しをするまで代金の支払を拒絶する

　　との権利主張を同時履行の抗弁として主張することができる。同時履
　　行の抗弁は、権利抗弁であり、これを行使することが要件である。そ
　　して、この抗弁を認めるときは、引換給付の判決をすべきである。

　　　請求原因で売買契約締結の事実が主張立証されることによって、同
　　時履行の抗弁権が存在していることが基礎づけられているから（5
　　頁）、Yが抗弁で目的物引渡債務と代金支払債務とが同時履行の関係
　　にあることを基礎づける事実を主張立証する必要はない。

　　　なお、売買契約においては債務の履行期限の合意は付款であるから
　　（3頁）、Yが抗弁において目的物引渡債務の履行期限の合意及びそ
　　の期限の到来を主張立証する必要はない。

　イ　先履行の合意の再抗弁

　　　Xは、Yの同時履行の抗弁に対し、

　　　　　XとYとの間で、代金支払を目的物引渡しの先履行とするとの
　　　合意をしたこと

　　を再抗弁として主張立証することができる。

　ウ　反対給付の履行の再抗弁

　　　Xは、Yの同時履行の抗弁に対し、

　　　　XがYに対して目的物の引渡しを履行したこと

を再抗弁として主張立証することができる。

　これに対し、本来の債務の履行ではなく、その履行の提供をした
にすぎない場合については、双務契約の当事者の一方は、相手方の
履行の提供があっても、その提供が継続されない限り、同時履行の抗
弁権を失わないとするのが判例である（最判昭34.5.14民集13.5.609
[27]）。したがって、訴え提起前にXが履行の提供をしてもYの同時
履行の抗弁権は失われないから、Xがこれを主張しても主張自体失当
である。訴え提起後に履行の提供がされた場合、これが再抗弁になる
とする見解とこれを否定する見解が考えられる。

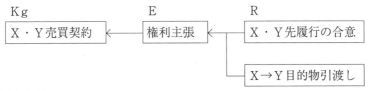

(3)　弁済

　ア　弁済の要件事実

　　Yは、債権の消滅原因として、弁済（民法473条）を主張立証する
ことができる。弁済の要件事実は、

①　Y（又は第三者）がXに対し、債務の本旨に従った給付をしたこ
　　と

②　①の給付がその債権についてされたこと

であると解されている（最判昭30.7.15民集9.9.1058[67]、我妻・債
権総論214、潮見・新債権総論Ⅱ7、中田・債権総論[第4版]351）。
①は、本設例では、単に「〇〇円の金銭を交付したこと」であり、こ
れだけでは、この金銭が何のために交付されたのか明らかではないか
ら、請求債権の消滅原因としては、②（給付と債権との結合関係）
の主張立証も必要とされているのである。ただし、通常は、「Y（又
は第三者）は、Xに対し、本件代金債務の履行として〇〇円を支払っ
た。」というように一括して摘示することで足りる。

　これに対し、弁済の要件事実は、①のみで足り、YがXに対して別

口の債務を負担していることが再抗弁として主張立証された場合には、再々抗弁として②の主張立証が必要となるとする見解（山木「弁済充当の主張立証責任」民事法の諸問題Ⅱ78。なお、最判昭35.10.14集民45.271参照）もある。

　なお、第三者弁済の場合、当事者が第三者の弁済を禁止し、又は制限する旨の意思表示をしたこと（民法474条4項）の主張立証責任は第三者弁済の無効を主張する者にある（最判昭38.11.15集民69.215参照）から、Yが当事者が上記意思表示をしていないことを主張立証する必要はない。

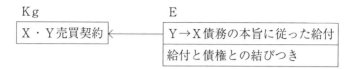

イ　一部請求と弁済の抗弁

　機械的・数量的な一部請求において弁済の抗弁が主張された場合の効果についての見解として、外側説（弁済の主張を債権全体に対する消滅原因と解し、弁済はまず非請求部分から充てられるとする見解）と内側説（弁済の主張を請求部分に対する抗弁とする見解）のほか、案分説（弁済の主張は請求部分と非請求部分とにそれぞれ金額の割合に応じて充てられるとする見解）がある。

　一部請求をした原告の通常の意思としては、被告から弁済の主張がされた場合でも、これを債権全体についての弁済に充て（結果的にはまず非請求部分から充てられることになる。）、その残部について請求するものであると解され、また、実際にも一部請求に相応する債権がいまだ存在する限り、請求を認めるのが相当であるから、外側説が妥当である（最判平6.11.22民集48.7.1355[29]。なお、最判昭48.4.5民集27.3.419[51]参照）。

　この見解によれば、例えば、XのYに対する売買代金600万円の内金100万円の一部請求に対して、Yが300万円の弁済、200万円の弁済及び100万円の弁済を主張した場合には、これらの弁済をすべて併せ

て主張することにより初めて抗弁として機能することになる。

(4) 法定解除

　契約当事者は、法律の規定（法定解除）又は契約（約定解除）によって解除権が発生した場合、これを行使することによって、契約関係を解消することができる（民法540条）。

　改正法による改正後の民法では、債務不履行を理由とする法定解除が催告による解除（民法541条）と催告によらない解除（民法542条）に分けられ、いずれも債務者の帰責事由の存否を解除の要件としないこととされた。また、催告による解除が制限される要件が規定され（民法541条ただし書。後記イ(ウ)参照）、催告によらない解除の要件が整理された（民法542条1項各号）。なお、売買契約に基づき引き渡された目的物が契約の内容に適合しない場合（民法562条）、それが特定物又は不特定物のいずれであっても債務不履行であると整理した上、催告による解除及び催告によらない解除をすることができることとされ（民法564条）、これらの規定は売買以外の有償契約についても準用される（民法559条）。

　ここでは、催告による解除の例として履行遅滞及び目的物の契約不適合を理由とするものを、催告によらない解除の例として履行不能を理由とするものをあげ、解除の要件事実を検討する。

ア　催告による解除（履行遅滞）

　履行期の定めのない事例を例にとると、Yは、

①　YがXに対して目的物引渡しの催告をしたこと

②　①の催告後相当期間が経過したこと

③　YがXに対して②の期間経過後に売買契約解除の意思表示をしたこと

④　YがXに対して①の催告以前に売買代金の弁済の提供をしたことを抗弁として主張立証することができる（民法541条本文）。

(ア)　Yが目的物引渡債務の履行遅滞を理由とする催告による解除を主張する場合、目的物引渡債務の発生は請求原因で基礎づけられているから、抗弁では、目的物引渡債務の履行期が経過したこと、履行しないことが違法であること、民法541条本文の解除の手続を履践

していることを主張すれば足りる。

　　　Xが債務を履行しなかったことが解除権の発生原因事実となるのではなく、解除権の発生障害事実として、債務者Xに債務を履行したことについての主張立証責任があると解すべきである。なお、履行遅滞についてのXの帰責事由の存否を考慮する必要はない(11頁)。

(イ)　履行期の経過

　　　期限の定めのない場合には、前記①のとおり、催告（民法412条3項）の主張を要する。

(ウ)　催告

　　　履行遅滞を理由とする催告による解除をするためには、履行期が経過したことを基礎づける催告のほか、民法541条本文の規定による催告が必要であるが、一つの催告で契約解除のための催告と付遅滞のための催告とを兼ねることができる（大判大6.6.27民録23.1153）ので、①の催告があれば足りる。

　　　この催告に期間を定めなかった場合でも、催告から相当の期間を経過すれば解除することができる（最判昭29.12.21民集8.12.2211[118]）し、催告から相当の期間を経過した後にした解除の意思表示は、催告期間が相当であったかどうかにかかわりなく有効である（最判昭31.12.6民集10.12.1527[93]）から、催告に相当な期間を定めたことは要件事実ではない。

(エ)　相当期間の経過

　　　催告から解除の意思表示までに相当な期間が経過したことを主張する必要がある。

(オ)　解除の意思表示

　　　解除原因を明示しないでした解除の意思表示も有効であるから（大判大元.8.5民録18.726）、Yは、解除原因を明示したことを主張立証する必要はない（最判昭48.7.19民集27.7.845[36]参照）。

(カ)　遅滞が違法であること

　　　請求原因の売買契約締結の事実によって、目的物引渡債務に同時履行の抗弁権が付着していることが基礎づけられている。同時履行

の抗弁権の存在は、履行遅滞の違法性阻却事由に当たると解されているから（5頁）、解除を主張するYは、同時履行の抗弁権の発生障害事実、消滅事実を主張しなければ解除の抗弁は主張自体失当となる。そこで、Yは、例えば、目的物引渡しを代金支払の先履行とする合意、代金支払債務の履行の提供を主張立証する必要があることになる。前記④は、履行の提供の例である。

　解除の場合、Yが履行期日に履行の提供をしたことにより、同時履行の抗弁権の存在効果は消滅したと解すべきであり（5頁）、履行の提供の継続を要しない（我妻・債権各論上163）。この点、前記(2)ウと異なる。

㋖　引渡しの提供の再抗弁

　　Yの履行遅滞を理由とする催告による解除の抗弁に対し、Xは、再抗弁として、

　　　　XがYに対し、①の催告後、③の解除の意思表示到達前に目的物の引渡しの提供をしたこと

　　を主張立証することができる。債務者は、弁済の提供の効果として、債務を履行しないことによって生ずべき責任を免れるからである（民法492条）。

㋗　債権者の帰責事由の再抗弁

　　債務の不履行が債権者の責めに帰すべき事由によるものであるときは、債権者は、催告による解除及び催告によらない解除をすることができない（民法543条）から、Xは、これを再抗弁として主張立証することができる。

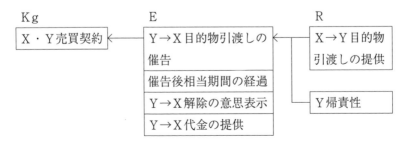

イ　催告による解除（目的物の契約不適合）

　(ア)　解除の抗弁

　　　　例えば、Ｘから売買契約に基づき引き渡された目的物が種類又は品質に関して契約の内容に適合しないものであった場合を例とすると、Ｙは、抗弁として、

①　ＸがＹに対し売買契約に基づき目的物を引き渡したこと

②　引渡し当時、①の目的物が種類又は品質に関して売買契約の内容に適合しないものであったこと

③　ＹがＸに対して履行の追完をするよう催告したこと

④　③の催告後相当期間が経過したこと

⑤　ＹがＸに対して④の期間経過後に売買契約解除の意思表示をしたこと

⑥　ＹがＸに対して③の催告以前に売買代金の弁済の提供をしたこと

　　　を主張立証することができる（民法562条、564条、541条本文）。

　　　　ここで催告による解除（民法541条）の理由とされている債務不履行は、売買契約に基づき引き渡された目的物が種類又は品質に関して契約の内容に適合しないものであることであり（民法562条1項）、目的物が買主に引き渡されたことが前提となるから、①と②を主張立証する必要がある。③から⑥までは、履行遅滞を理由とする催告による解除の要件事実と同様である（前記ア(ウ)〜(カ)参照）。

　(イ)　期間制限の再抗弁

　　　　Ｘは、目的物の種類又は品質に関する契約不適合を理由とする催告による解除の抗弁に対する再抗弁として、民法566条本文に基づき、

①　Ｙが目的物の種類又は品質に関する契約不適合を知ったこと

②　①の時期から1年が経過したこと（最終日の経過）

　　　を主張立証することができる。

　　　　民法566条本文の通知については、買主が、目的物の種類又は品質に関する契約不適合を売主に通知したことの主張立証責任を負う

と解されるから、Xは再抗弁として①と②を主張立証すれば足り、Yは、再々抗弁として、Yがその不適合を知った時から1年以内にその旨をXに通知したことを主張立証することができる。

　また、Yは、再々抗弁として、Xが引渡しの時に目的物の種類又は品質に関する不適合を知っていたこと、又は、Xが引渡しの時にその不適合を知らなかったことにつき重大な過失があったことの評価根拠事実を主張立証することができる（民法566条ただし書）。

　「重大な過失」は、規範的要件であるから、その評価根拠事実を主張立証しなければならない。

(ウ)　不履行の軽微性の再抗弁

　催告から相当の期間が経過した時に債務不履行があるとしても、それがその契約及び取引上の社会通念に照らして軽微であるときは、契約の解除をすることができない（民法541条ただし書）。

　したがって、Yの目的物の契約不適合を理由とする催告による解除の抗弁に対し、Xは、再抗弁として、

　　　催告後相当期間経過時における目的物の契約不適合がその契約及び取引上の社会通念に照らして軽微であることの評価根拠事実

を主張立証することができる。

　軽微であることという要件は、規範的要件であると解されるから、Xが再抗弁としてその評価根拠事実を主張立証すべきであり、これに対し、Yが再々抗弁としてその評価障害事実を主張立証すべきである。

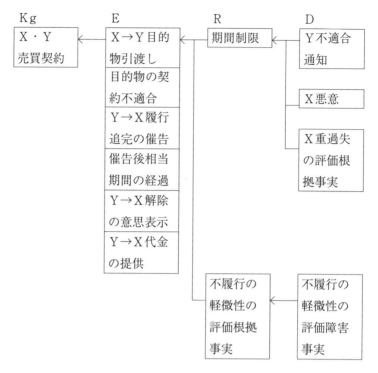

ウ　催告によらない解除（履行不能）

　　Yは、Xの目的物引渡債務の履行不能を理由とする催告によらない解除の抗弁として、

①　目的物の引渡しが②の意思表示の時点で不能であること

②　YがXに対して売買契約解除の意思表示をしたこと

を主張立証することができる（民法542条1項1号）。

　　目的物引渡債務の発生は請求原因で基礎づけられているので、Yが抗弁で主張立証する必要はない。

　　①の履行不能には、目的物の引渡しが売買契約成立後に不能になったこと（後発的不能）だけでなく、その成立時に不能であったこと（原始的不能）も含まれる。なお、原始的不能であっても売買契約が当然に無効になるわけではない（民法412条の2第2項参照）。

　　履行不能が違法でないことについては、債務者が主張立証責任を負

う。なお、履行不能についての債務者の帰責事由の存否を考慮する必要はない（11頁）。Xは、履行不能を理由とする催告によらない解除の抗弁に対し、再抗弁として、債務の不履行がYの責めに帰すべき事由によるものであることを主張立証することができる（前記ア(ク)）。

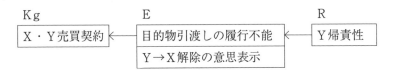

(5)　危険負担に基づく履行拒絶の抗弁

改正法による改正後の民法では危険負担の効果が改められた。すなわち、双務契約において、一方の債務の履行が不能となった場合、反対給付債務は消滅せず、その一方の債務の債権者に対して反対給付債務の履行拒絶権が付与される（民法536条1項）。したがって、Yは、Xの代金支払請求に対し、危険負担に基づく履行拒絶の抗弁として

①　目的物の引渡しが不能であること

を主張立証し、

②　代金の支払を拒絶する

との権利主張をすることができる。

これに対し、Xは、再抗弁として、履行不能がYの責めに帰すべき事由によるものであることを主張立証することができる（同条2項）。

(6)　約定解除

解除権を留保する契約において、その解除権の行使方法や効果について特別の定めをすることも多いが、特別の定めがなければ民法の適用を受ける。ここでは、手付解除をめぐる攻撃防御方法について検討する。

ア　手付解除の抗弁

売買契約の際、手付が交付されることも多い。手付が交付された場合、買主は手付を放棄し、売主はその倍額を現実に提供して契約を解除することができる（民法557条1項本文）。ここでは買主であるYが手付としてXに1000万円を交付したとの事例を例にとると、Yは、抗弁として、

①　YがXとの間でその売買契約に付随して手付として1000万円を交付するとの合意をしたこと

②　YがXに①の手付として1000万円を交付したこと

③　YがXに対して契約解除のためにすることを示して手付返還請求権を放棄するとの意思表示をしたこと

④　YがXに対して売買契約解除の意思表示をしたこと

を主張立証することになる。

　①について、手付は特段の意思表示がない限り解約手付としての性質を有する（民法557条1項本文）から、Yはその手付が解約手付としての性質を有するものであることまで主張立証する必要はない。

　手付契約は有価物の交付により締結される要物契約であるから、②の事実も必要となる。

　③の手付返還請求権放棄の意思表示を不要とするのが通説（我妻・債権各論中一264）であるが、手付に言及することなく解除の意思表示をした場合であっても（解除の意思表示に解除事由を明示することは不要である。）、手付返還請求権放棄の効果が生ずることは妥当でないから、③の事実を必要と解すべきである。

イ　手付解除に対する再抗弁

　(ア)　解除権留保排除の合意

　　　手付解除に対し、Xは、再抗弁として、

　　　　　XがYとの間で①について解除権の留保はしないとの合意をしたこと

　　　を主張立証することができる（最判昭29.1.21民集8.1.64）。

　　　なお、違約手付の約定は解除権の留保と両立し得るとするのが判例である（最判昭24.10.4民集3.10.437）から、手付解除に対して違約手付の約定を主張しても、再抗弁としては主張自体失当である。

　(イ)　履行の着手

　　　手付契約によって留保された解除権の行使は、その相手方が契約の履行に着手した後はすることができない（民法557条1項ただし

書）から、Xは、再抗弁として、

　　　　Xが、Yの解除の意思表示に先立ち履行に着手したこと
を主張立証することができる。

　「その相手方」とは、契約解除の意思表示の相手方のことであり、履行に着手した当事者からの解除は認められる（最判昭40.11.24民集19.8.2019[85]参照）から、解除の意思表示をした者の履行の着手を主張しても主張自体失当である。

　「履行に着手」したとは客観的に外部から認識し得るような形で履行行為の一部をし又は履行の提供をするために欠くことのできない前提行為をしたことをいう（前掲最判昭40.11.24）。債務に履行期の約定がある場合、履行期前でも履行の着手は生じうる（最判昭41.1.21民集20.1.65[6]）が、具体的行為が履行の着手に当たるかについては、その行為の態様、債務の内容、履行期が定められた趣旨・目的等諸般の事情に照らして判断すべきである（最判平5.3.16民集47.4.3005[17]）。

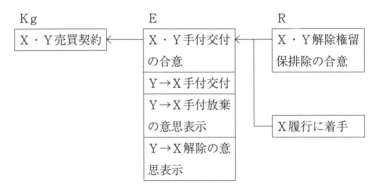

5　抗弁相互の関係

　実務上、ある抗弁が認められず、これによる防御の目的が達せられない場合を考慮して、あらかじめこれと同時に、この抗弁が認められれば法律上は無意義に帰する他の抗弁を仮定的に主張するという場合も少なくない。同一の目的をもつ数個の抗弁が提出された場合、一般には、各抗弁は防御方法として全く同格であり、裁判所は自由な順序でその防御方法を取

り上げて審理してよいとされているから、当事者がこのように仮定的に抗弁を主張した場合であっても、裁判所の判断順序について論理的な拘束が生ずることはなく、選択的関係に立つことになる。

　　ただし、請求の全部を排斥する抗弁（全部抗弁）と請求の一部を排斥する抗弁（一部抗弁）とがある場合（例えば、法定解除の抗弁と、一部弁済や同時履行の抗弁とがあるようなとき）は、裁判所は、前者を先に判断しなければならない。

第3　目的物引渡請求

1　設例

　　次に、買主Xが売主Yに対して売買契約に基づき目的物の引渡しを求める場合について検討する（設例2）。

【設例2】

目的物引渡し

X $\Longrightarrow$ Y

買主（売買）売主

2　訴訟物

　　設例の場合の訴訟物は、売買契約に基づく目的物引渡請求権である。

3　請求原因

　　この場合にも、Xは、請求原因において、

　　　　XがYとの間において売買契約を締結したこと

を主張立証すれば足りる。所有権に基づく返還請求権としての引渡請求権の場合（55、120頁）のように、Yが目的物を占有していることを主張立証する必要はない。また、目的物引渡債務に期限の合意があってその期限が到来したこと、XがYに売買代金を支払ったこと、売買契約締結当時目的物がYの所有であったことを主張立証する必要がないことは売買代金請求の場合と同様である（3、4頁）。

4　抗弁以下の攻撃防御方法

(1)　同時履行

Yが、Xの目的物引渡請求に対して、

　　　Xが代金を支払うまで目的物の引渡しを拒絶する

との権利主張を同時履行の抗弁として主張できることは、売主の代金支払請求に対する買主の同時履行の抗弁の場合と同様である（8頁）。

(2)　債務不履行解除の場合の特約等

　法定解除の要件事実については、既に履行遅滞を理由とする催告による解除等を例として11頁以下で論述した。ここでは、債務不履行解除に関する特約等について検討する。

ア　停止期限付解除

　相当期間を定めて代金支払の催告をするのと同時に、債務者が催告期間内に代金を支払わないときは売買契約を解除するとの意思表示をする、というケースが実務上しばしば見受けられる。このような意思表示は、解除の意思表示に「催告期間内に代金を支払わない」という停止条件が付されているようにもみられる。しかし、債権者が「債務者が催告期間内に代金を支払わなかったこと」について主張立証責任を負うとすると、通常の催告による解除の場合と対比して均衡を失するし、当事者間の立証の公平な負担という観点からも妥当ではない。この意思表示の内容を合理的に解釈し、「催告期間が経過した時に売買契約を解除する」との停止期限付解除の意思表示とみるのが相当である。

　そこで、Xの売買契約に基づく目的物引渡請求に対し、Yが、Xの代金支払債務の履行遅滞を理由として、停止期限付解除の意思表示をした場合、Yは、抗弁として、

①　代金支払の催告

②　①の催告の際、催告期間が経過した時に売買契約を解除するとの意思表示をしたこと

③　催告期間が経過したこと

④　Yが①の催告以前に売買契約に基づき目的物の引渡しの提供をしたこと

を主張立証することができる。

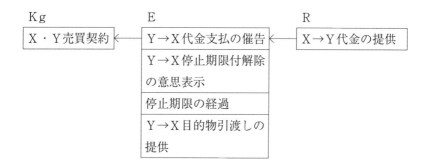

イ　無催告解除特約

　　債務不履行を理由に契約を解除するについて、催告によらない解除
　（民法542条）の場合は別として、催告を要することは民法541条本文
　の定めるところであるが、契約当事者は、催告を要しないとの特約
　（無催告解除特約）を結ぶことができ、このような特約も一般に有効
　と解されている。

　　そこで、例えば、Xの売買契約に基づく目的物引渡請求に対し、Y
　がXの代金支払債務の履行遅滞を理由として無催告解除特約により売
　買契約を解除した場合の抗弁としての要件事実は、代金支払債務に確
　定期限の合意がある場合を例とすると、

①　XがYとの間で売買代金の支払期日（確定期限）の合意をしたこ
　と及びその支払期日が経過したこと

②　XがYとの間で、その売買契約について無催告解除特約（債務不
　履行を理由とする契約解除権の行使については催告を要しないとの
　合意）をしたこと

③　YがXに対して①の支払期日経過後その売買契約を解除するとの
　意思表示をしたこと

④　Yが③の解除の意思表示に先立ち売買契約に基づき目的物の引渡
　しの提供をしたこと

である。

　　①の支払期日の合意及び支払期日の経過は、履行遅滞を基礎づける
　ためにその主張を要する。

　　なお、支払期日の合意がされていない場合には、代金支払債務を遅
　滞に陥れるための要件として催告が必要であり（民法412条3項）、か
　つ、付遅滞のための催告があれば重ねて契約解除のための催告を要し
　ない（12頁）から、通常は、②の無催告解除特約の締結を主張立証す
　る意味はない。

　　④の履行の提供は、代金支払債務に付着する同時履行の抗弁権の
　存在効果を消滅させるためにその主張が必要となる（5頁）。反対給
　付の提供をすることなく相手方の履行遅滞を理由としてした契約解除
　は、無催告解除の特約がある場合においても効力を生じない（最判昭
　51.12.2集民119.299）から、その解除の主張は主張自体失当である。

ウ　弁済の提供の再抗弁

　　イの抗弁に対し、Xは、再抗弁として、

　　　　XがYに対し、①の支払期日以降③の解除の意思表示到達前に
　　売買代金の弁済の提供をしたこと

　を主張立証することができる。

エ　当然解除特約（失権約款）

　　債務者に債務不履行があった場合、債権者が別段の意思表示をしな
　くても契約が当然に解除されたものとしてその効力を失わせる合意が
　契約当事者間で結ばれることがあり、当然解除特約、失権約款などと
　呼ばれている。

　　この特約がされた場合、代金支払債務に確定期限の合意がある場合
　を例とすると、Yは、イの②及び③に代えて、

　　　　XがYとの間でその売買契約について当然解除特約（代金の弁
　　済期が経過したときは売買契約は当然解除されたものとしてその
　　効力を失うとの合意）をしたこと

　を主張立証することもできる。

(3)　手付契約に基づく解除

　　買主Xが手付として売主Yに1000万円を交付したとの事例を例にとる
　と、Yは、抗弁として、

①　XがYとの間で売買契約に付随して手付として1000万円を交付する

との合意をしたこと

②　XがYに手付として1000万円を交付したこと

③　YがXに対して契約解除のためにすることを示して手付の倍額2000万円を現実に提供したこと

④　YがXに対して売買契約解除の意思表示をしたこと

を主張立証することになる（民法557条1項本文）。

　再抗弁としては、前同様（18頁）、解除権留保排除の合意、履行の着手が考えられる。

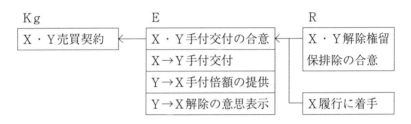

売買契約に基づく代金支払請求訴訟における典型的攻撃防御の構造

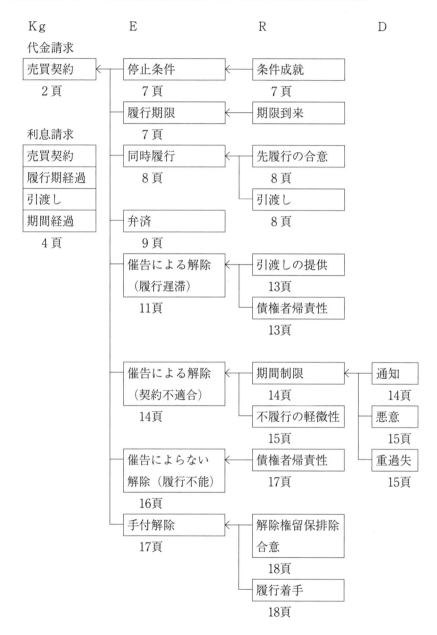

売買契約に基づく目的物引渡請求訴訟における典型的攻撃防御の構造

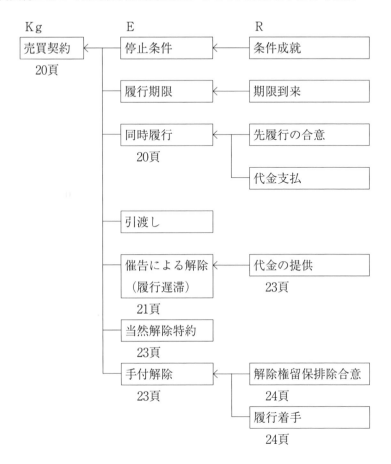

第２章　貸金返還請求訴訟及び保証債務履行請求訴訟

第１　はじめに

　　　金銭支払請求訴訟は、民事訴訟全体の中で主要な地位を占めるものであるが、その中でも重要なものとして、貸金返還請求訴訟及び保証債務履行請求訴訟の類型が挙げられる。

　　　そこで、このような貸金返還請求訴訟及び保証債務履行請求訴訟における訴訟物とその典型的な攻撃防御の構造をそれぞれ概観する。

　　　なお、貸金返還請求訴訟については、要物契約である消費貸借契約（民法587条）に基づく場合のほか、改正法により新設された諾成的消費貸借契約（民法587条の２）に基づく場合についても概説する。

第２　消費貸借契約に基づく貸金返還請求

　１　設例

　　　XがY_1に対し、要物契約である消費貸借契約（民法587条）に基づき貸金の返還を請求する場合について検討する（設例１）。

```
┌─────────────────────────┐
│    【設例１】            │
│       貸金返還          │
│    X ══════⟹ Y₁       │
│  貸主（消費貸借）借主    │
└─────────────────────────┘
```

　２　訴訟物

　　　消費貸借契約に基づく貸金返還請求訴訟においては、①貸金元本と共に、②利息、③遅延損害金が請求されることが多い。これらは同じ金員請求であるけれども、①は消費貸借契約に基づく貸金返還請求権、②は利息契約に基づく利息請求権、③は履行遅滞に基づく損害賠償請求権であり、法的性質を異にするものであるから、それぞれ別個の訴訟物である。

3　請求原因

(1)　消費貸借契約に基づく貸金返還請求

　ア　弁済期の定めのある場合

　　　XがY₁に対し、消費貸借契約に基づき貸金の返還を請求する場合、Xは、請求原因として、

①　XがY₁との間で金銭の返還の合意をしたこと

②　XがY₁に対し金銭を交付したこと

③　XがY₁との間で弁済期の合意をしたこと

④　弁済期が到来したこと

を主張立証することになる。

　　　民法587条によれば、消費貸借契約は要物契約であるから、①の返還合意と共に、②の金銭交付がなければ成立しない。

　　　消費貸借契約の成立要件については、①と②で足りると解する見解がある。この見解に立つ場合でも、消費貸借契約は貸借型の契約であり、一定の価値をある期間借主に使用させることに特色があることから、消費貸借契約が成立しただけでなく、返還時期が到来し、契約関係が終了してはじめて貸金の返還を請求できると考えられる。そのため、消費貸借契約に基づき貸金の返還を請求するためには、①と②に加えて、③と④も必要となる。

　　　他方、消費貸借契約の成立要件については異なる考え方がある。すなわち、貸借型の契約にあっては、契約の目的物を受け取るや否や直ちに返還すべき貸借は、およそ無意味であるから、返還時期の合意は、単なる法律行為の付款ではなく、その契約に不可欠の要素であると解する見解（いわゆる貸借型理論）である。この見解に立つ場合、貸借型の契約である消費貸借契約では、弁済期の合意は、単なる法律行為の付款ではなく、契約の本質的要素であるから、契約成立の要件として①から③までが必要となり、さらに、消費貸借契約に基づき貸金の返還を請求するためには、①から③までに加えて④も必要となる。

Kg

X・Y₁金銭返還合意
X→Y₁金銭交付
X・Y₁弁済期の合意
弁済期の到来

イ　弁済期の定めのない場合

　　③の弁済期の合意は弁済期の態様に応じて主張立証すべきであるが、民法591条1項にいう「返還の時期を定めなかったとき」については、消費貸借において、弁済期の合意が欠けていることもあるとの前提に立ち、上記規定を文字どおり合意が欠けている場合の補充規定であるとする見解がある。この見解によれば、弁済期の定めがない場合、③と④に代えて、消費貸借契約終了の要件として、催告と催告後の相当期間の経過（民法591条1項）の要件に該当する事実（催告及び相当期間の末日の到来）を主張立証すべきである。Y₁が弁済期の合意を主張するのは抗弁となる。

　　これに対し、消費貸借において弁済期の合意が欠けている場合があることを否定し、「返還の時期を定めなかったとき」とは弁済期を貸主が催告した時とする合意がある場合とする見解がある。この見解によれば、③の弁済期の合意は、特別の合意をしない限り、催告後の相当期間の経過（民法591条1項）を不要とする趣旨を含まないものと考えられるから、Xは、③の弁済期の合意として弁済期を催告の時とする合意があること（具体的には「弁済期の定めなし」と摘示すれば足りる。）、④の弁済期の到来として催告及び相当期間の末日の到来を主張立証すべきである。Y₁がXの主張と異なる弁済期の合意を主張するのは積極否認となる。

ウ　期限の利益喪失約款

　　④の弁済期の到来については、消費貸借契約上の期限の到来を主張することができるほか、期限の利益喪失約款による期限の到来を主張することもできる。

　　この場合には、期限の利益喪失約款の合意とこの合意による期限の
　利益喪失の要件に該当する事実を主張立証すべきことになる。

　エ　利息の天引

　㋐　利息の天引がされた場合、XがY₁に対し、貸金の元本の返還を
　　請求するときは、Xは、請求原因として、

　　①　XがY₁との間で元本について返還の合意をしたこと
　　②　XがY₁に対し元本の一部を交付したこと
　　③　XがY₁との間で①の元本額と②の交付額との差額につき利息
　　　として天引きする合意をしたこと
　　④　XがY₁との間で弁済期の合意をしたこと
　　⑤　弁済期が到来したこと

　　を主張立証することになる。

　㋑　利息制限法2条は、天引額も含めた元本全額について消費貸借が
　　成立することを前提として規定されたものと解される（我妻・債権
　　各論中一359、潮見・新債権総論Ⅰ253参照）が、②の元本の一部交
　　付だけでは現実に交付された額についてのみ消費貸借が成立したこ
　　とになるので、元本全額について消費貸借が成立するためには③の
　　天引合意が必要となる。

　　　③について、その天引がどの期間に対する利息として合意されたもの
　　か等の合意も含まれるかどうかについては、次の二つの見解があろう。

　　　このような合意が不可分のものとして含まれるとする見解によれ
　　ば、Xは、③の内容として、[a]天引が一定の期間に対する利息と
　　して合意されたものであること、又は[b]天引が一定の利率による
　　利息として合意されたものであることも主張立証する必要がある。

　　　これに対し、天引合意に[a]又は[b]の合意は含まれないとする
　　見解によれば、Y₁が、抗弁として、これを主張立証することにな
　　るが、利息制限法2条にいう超過部分が生ずる場合でないと、主張
　　自体失当となる。

　㋒　なお、利息の天引の具体例を示すと次のとおりとなる。XがY₁
　　に対し、元本額100万円、年利2割、弁済期1年後として、利息20

万円を天引きし、80万円を交付したとする。

　その天引額（20万円）はY₁の受領額（80万円）を元本として利息制限法1条2号所定の制限利率（年1割8分）により計算した金額（14万4000円）を超え、その超過部分（5万6000円）は元本の支払に充てたものとみなされるから、XはY₁に対し、元本として94万4000円を請求することができるにすぎない。

(2)　利息請求

　ア　XがY₁に対し、一定期間分の利息を請求する場合、Xは、請求原因として、

①　元本債権の発生原因事実

②　XがY₁との間で利息支払の合意をしたこと

③　Y₁が金銭を受け取った日から一定期間が経過したこと

を主張立証することになる。

　イ　利息は元本の存在を前提としてその利用の対価として支払われるものであり、元本債権に対して付従性を有するものであるから、①が必要となる。

　また、消費貸借契約は無利息が原則とされている（民法589条1項）から、②が必要となる。

　なお、利息支払の合意がなくとも、商人間の金銭消費貸借においては当然に法定利息を請求することができる（商法513条1項）から、この場合は、②に代えて、

　　　消費貸借契約当時XとY₁がいずれも商人であること

を主張立証することになる。

　利率については、約定利率の主張立証がないときは、その利息が生じた最初の時点（後記ウ参照）における法定利率（法定利率が変動することについては5頁参照）によることとなる（民法404条1項）。

　これに対し、法定利率を超える約定利率による利息を請求する場合には、更に民法404条1項の「別段の意思表示」として、

　　　XがY₁との間で法定利率を超える利率の合意をしたこと

を主張立証することになる。この場合、利息制限法所定の制限利率を

超える利息の約定はその超過部分につき無効となる（同法1条）が、これは、裁判所が適用すべき強行法規に関する事柄であるから、当事者の指摘を待つまでもない。

　ウ　利息の生じる期間は、特約のない限り、借主が金銭を受け取った日（民法589条2項）から元本の返還をすべき日までの元本使用期間であり、③がこれに当たる。具体的には、一定期間の最終日の到来を摘示すれば足りる。

利息　　Ｋｇ

元本債権の発生原因事実
Ｘ・Ｙ₁利息支払の合意
一定期間の経過

(3)　遅延損害金請求

　ア　ＸがＹ₁に対し、遅延損害金を請求する場合、Ｘは、請求原因として、

　①　元本債権の発生原因事実

　②　弁済期が経過したこと

　③　損害の発生とその数額

　を主張立証することになる。

　イ　遅延損害金も元本の存在を前提とするから、①が必要となる。

　　また、遅延損害金は債務者の履行遅滞に基づくものであるから、②が必要となる。具体的には、確定期限の合意がある場合にはその期限の経過（民法412条1項）、不確定期限の合意がある場合には、その期限の到来、並びに、その後に、債務者に対して催告をしたこと及びその日の経過、又は、債務者がその期限の到来を知ったこと及びその日の経過（同条2項）、期限の定めのない場合には催告及び相当期間の末日の経過（民法591条1項）となる。

　ウ　③については、金銭債務の不履行の場合、特約がなくとも当然に、債務者が遅滞の責任を負った最初の時点における法定利率（民法404条）の割合による遅延損害金を請求することができる（民法419条1

項本文）から、法定利率の割合による遅延損害金を請求する場合は、②の時期以降の期間の経過のみが要件事実となるが、摘示を省略するのが通常である。

　これに対し、利息につき法定利率を超える利率の合意がされている場合（民法419条1項ただし書）又は損害賠償額の予定（民法420条1項）として法定利率を超える遅延損害金の利率の合意がされている場合、Xがこれを請求するときは、

［A］　XとY₁が法定利率を超える利息の利率を合意したこと

又は

［B］　XとY₁が法定利率を超える遅延損害金の利率を合意したこと

をも主張立証する必要がある。

　なお、利息制限法所定の制限を超える利率の利息の定めのある金銭消費貸借において遅延損害金の利率について特約のない場合には、遅延損害金は同法1条所定の利率にまで減縮される利息と同率に減縮されるとするのが判例である（最判昭43.7.17民集22.7.1505[60]）。

遅延損害金　Kg

| 元本債権の発生原因事実 |
| 弁済期の経過 |
| 損害の発生とその数額 |

4　抗弁以下の攻撃防御方法

　XがY₁に対し貸金の返還を請求した場合を前提として、弁済の抗弁、相殺の抗弁、消滅時効の抗弁という抗弁の類型ごとに攻撃防御の構造を概観する。

(1)　弁済

　Y₁は債権の消滅原因として弁済を主張立証することができる（弁済の要件事実については9頁参照）。

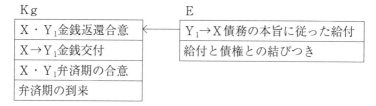

(2) 相殺

 ア　Y$_1$は、相殺の抗弁として、

　①　自働債権の発生原因事実

　②　受働債権（請求債権）につきY$_1$がXに対し一定額について相殺
　　の意思表示をしたこと

　を主張立証することになる。

　　相殺は遡及効を有する（民法506条2項）ので、相殺がされると相
　殺適状を生じた時以後は受働債権についての利息及び遅延損害金は発
　生しなかったことになるから、相殺の抗弁は、受働債権の元本に対す
　る抗弁となるのみならず、相殺適状を生じた時以後の利息及び遅延損
　害金に対する抗弁ともなる。

 イ　民法505条1項本文は、①及び②のほかに、対立する債権が同種の
　目的を有すること及び双方の債務が弁済期にあることが必要であると
　規定している（なお、既に弁済期にある自働債権と弁済期の定めのあ
　る受働債権とが相殺適状にあるというためには、受働債権につき、期
　限の利益の放棄又は喪失等により、その弁済期が現実に到来している
　ことを要することにつき、最判平25.2.28民集67.2.343［3］参照）。

　　対立する債権が同種の目的を有することに関しては、通常は①の自
　働債権の発生原因事実を主張立証すれば足りる。

　　双方の債務が弁済期にあることに関しては、①の自働債権の発生原
　因が売買型の契約である場合は、Y$_1$は①の事実だけを主張立証すれ
　ば足りる（弁済期の合意が再抗弁となる。）。これに対し、①の自働債
　権の発生原因が貸借型の契約である場合は、Y$_1$が弁済期の到来も主
　張立証しなければならないか否かは、貸借型の契約の成立要件に関
　する解釈（28頁参照）などにより左右されることになるが、例えば、

弁済期の合意が契約の成立要件であると解する見解（いわゆる貸借型理論）によれば、①の事実を主張立証することにより、弁済期の合意の事実が現れるので、Y_1は弁済期の到来も主張立証しなければならないことになる。

　自働債権に同時履行の抗弁権が付着している場合、判例通説によれば、抗弁権の存在効果として相殺が許されないことになるから、①の自働債権の発生原因事実の主張自体からその債権に抗弁権が付着していることが明らかとなる場合は、抗弁権の発生障害又は消滅原因となる事実をも併せて主張しなければ相殺の抗弁が主張自体失当となる。

ウ　債務の性質が相殺を許さないものであること（民法505条1項ただし書）は、一般には相殺の抗弁に対する再抗弁と考えられるが、受働債権の内容からこの点が明白な場合（例えば民法509条本文各号）は、相殺の抗弁が主張自体失当となる。

エ　②の相殺の意思表示には条件又は期限を付することができず（民法506条1項後段）、条件又は期限を付した相殺の意思表示は無効となる（条件又は期限だけが無効となるわけではない。）から、相殺の意思表示に条件又は期限が付されていることは相殺の抗弁に対する再抗弁となる。

オ　防御方法として複数の抗弁が主張されている場合、一般には、各抗弁は、選択的関係に立ち、裁判所は自由な順序でその防御方法を取り上げて審理してよい。しかし、相殺の抗弁は、その判断に既判力を生じ（民訴法114条2項）、他の抗弁が認められるよりもY_1の不利益となるから、原則として、裁判所は、他の抗弁をすべて排斥した後にその判断を行うべきである。

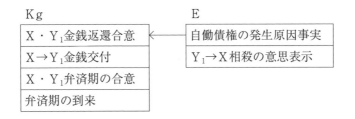

(3)　消滅時効

　ア　客観的起算点からの消滅時効

　　(ア)　債権は、権利を行使することができる時（客観的起算点）から10年が経過したときは時効によって消滅するところ（民法166条1項2号、145条）、客観的起算点からの消滅時効の要件事実は、

　　①　権利を行使することができる状態になったこと

　　②　①の時から10年の期間（時効期間）が経過したこと

　　③　援用権者が相手方に対し時効援用の意思表示をしたこと

　　である。

　　(イ)　権利行使が可能であることは請求原因において現れているから、①を改めて主張立証する必要はない。

　　　なお、売買型の契約において期限の定めがあるときは、債権者が再抗弁として期限の定めを主張立証することができるが、その期限の到来の時からも既に時効期間が経過しているときは、別個の消滅時効の抗弁として、期限の定め、期限の到来、到来の時からの時効期間の経過、その時効の援用の意思表示を主張立証することができる。

　　　もっとも、弁済期の定めについて当事者間に争いがないときは、Y₁の合理的意思解釈として、当初の消滅時効の主張はしていないものとみるのが相当である。

　　(ウ)　期限の利益喪失約款と時効期間の起算点

　　　割賦金弁済契約における期限の利益喪失約款には、債務者が割賦払の約定に違反した場合に、債務者は、[a]当然に期限の利益を失う趣旨のものと、[b]債権者の意思表示により期限の利益を失う趣旨のものとがある。

　　　[a]の場合に時効の起算点が債務不履行のあったときであることについては異論がない。

　　　[b]の場合について、債務不履行のあったときが権利を行使し得るときであり時効の起算点であるとする見解もある（我妻・民法総則486）が、債権者が期限の利益を喪失させるとの意思表示をしたとき

が残額全部の時効の起算点であると考えられる（大判昭15.3.13民集19.544、最判昭42.6.23民集21.6.1492[56]参照）。

㈐　時効期間

②の時効期間について、消滅時効の期間計算は初日を算入せずに翌日から計算するのが相当である（大判昭6.6.9新聞3292.14、最判昭57.10.19民集36.10.2163[45]参照）。具体的には、時効期間の末日の経過を示せば足りる。

㈑　時効の援用

時効の援用の法的性質については見解が分かれている（川井・注釈民法(5)38）。

判例は、時効による債権消滅の効果は、時効期間の経過と共に確定的に生ずるものではなく、時効が援用されたときに初めて確定的に生ずるものとしており、不確定効果説のうちの停止条件説に立っている（最判昭61.3.17民集40.2.420[10]）。

この見解によれば、時効の援用は、権利の得喪を確定させる実体法上の要件となるから、時効によって不利益を受ける者に対する実体法上の意思表示（訴訟外でも可能である。）となる。

なお、時効援用の意思表示が口頭弁論期日においてされた場合は、その顕著性（民訴法179条）を示すために、

　　　　Y_1はXに対し、令和○年○月○日の本件口頭弁論期日においてその時効を援用するとの意思表示をした

と摘示することが多い。

イ　主観的起算点からの消滅時効

㈠　債権は、債権者が権利を行使することができることを知った時（主観的起算点）から5年が経過したときは時効によって消滅するところ（民法166条1項1号、145条）、主観的起算点からの消滅時効の要件事実は、

①　権利を行使することができる状態になったこと

②　債権者が①を知ったこと

③　②の時から5年の期間（時効期間）が経過したこと

-37-

④　援用権者が相手方に対し時効援用の意思表示をしたこと
である。

(イ)　①については、前記ア(イ)のとおりである。

(ウ)　②については、債権者と債務者が、弁済期の合意として確定期
限の定めをした場合には、通常、「権利を行使することができるこ
とを知った時」(主観的起算点)は「権利を行使することができる
時」(客観的起算点)と一致するといえ、確定期限の定め及びその
到来は請求原因において現れているから、Y₁が②を改めて主張立
証する必要はないと考えられる。

これに対し、債権者と債務者が、弁済期の合意として不確定期限
の定めをした場合には、Y₁は、②について、「債権者が、その不確
定期限の到来を知ったこと」を主張立証しなければならないと考え
られる。

(エ)　③については前記ア(エ)、④については前記ア(オ)のとおりである。

ウ　時効の更新

(ア)　Xの貸金返還請求に対し、客観的起算点からの消滅時効の抗弁又
は主観的起算点からの消滅時効の抗弁を主張する場合、Y₁として
は、まず、客観的起算点から10年又は主観的起算点から5年の経過
を主張することができる。

これに対し、Xは、承認等の時効更新事由(民法147条、148条、
152条)を再抗弁として主張立証することができ、その場合には、
Y₁は、更に時効更新事由の終了時から10年又は5年の経過による
時効消滅を主張することができる。

この主張の位置づけについては、当初の客観的起算点又は主観的起
算点からの時効消滅の効果とは別の、時効更新事由の終了時からの時
効消滅の効果を生じさせるものであるから、時効更新の再抗弁に対す
る再々抗弁ではなく、当初の時効の抗弁とは別の抗弁に位置づけられ
る。そして、時効援用の意思表示を実体法上の要件とする不確定効果
説を採った上、完成した消滅時効に対応する時効援用の意思表示をそれ
ぞれ必要とする見解に立てば、当初の時効の抗弁と時効更新の再抗弁を

前提とする予備的抗弁ではなく、当初の時効の抗弁とは選択的な抗弁に位置づけられる。

(イ)　時効更新事由の一つとして、権利の承認（民法152条）が定められているが、承認とは、時効の利益を受ける者が時効によって権利を失う者に対してその権利の存在することを知っていることを表示する観念の通知である。

　　承認について当事者間に争いがない場合には、Y₁が請求原因において主張されている権利の承認をしたと摘示することで足りるが、この点に争いがある場合に、単に「承認」と主張するだけでは攻撃防御の目標たり得ないときは、一部弁済、支払約束、支払猶予の申込み、利息の支払などの承認に当たる具体的事実を主張しなければならない。

　　なお、承認は準法律行為（観念の通知）として法律行為に関する規定が類推されるから、債権者の代理人に対する承認も可能であり、債務者の代理人が承認をすることもできる（我妻・前掲470）。

エ　時効の完成猶予

(ア)　Y₁から、客観的起算点からの消滅時効の抗弁又は主観的起算点からの消滅時効の抗弁が主張された場合、Xは、時効の完成猶予事由（民法147条から151条まで及び158条から161条まで）を再抗弁として主張立証することができる。ただし、その完成猶予事由に定められた完成猶予の期間が既に経過しているときは、完成猶予の期間経過の再々抗弁が顕著な事実となるから、完成猶予の再抗弁は無意味（主張自体失当）である。

(イ)　時効の完成猶予事由のうち催告についてみると、Xの貸金返還請求に対し、Y₁が、貸金返還請求訴訟の提起前に時効期間が経過しているとして、客観的起算点からの消滅時効の抗弁又は主観的起算点からの消滅時効の抗弁を主張したとしても、XがY₁に対し、当該時効期間経過前に催告をし、その催告から6か月を経過する前に貸金返還請求訴訟を提起したのであれば、Xは、再抗弁として、催告（民法150条1項）及び訴訟提起（民法147条1項1号）を主張立証することができる（この点は、前述の時効の更新とは異なる。最判平25.6.6民集

67.5.1208[12]参照)。

オ　時効援用権の喪失

(ｱ)　時効完成後の債務の承認については、民法に規定がないが、債務者が、消滅時効完成後に債権者に対し債務の承認をした場合には、時効完成の事実を知らなかったときでも、信義則に照らし、その後その時効の援用をすることは許されない（最判昭41.4.20民集20.4.702[29]）。しかし、その場合においても、以後再び時効は進行し、債務者は、再度完成した消滅時効を援用することができる（最判昭45.5.21民集24.5.393[5]）。

　これらの判例の見解を前提とすれば、再度完成した消滅時効の主張の位置づけについては、時効の更新の場合と同様に、当初の時効の抗弁に対し選択的な関係に立つ抗弁になると考えられる。

(ｲ)　時効利益の放棄との関係

　時効利益の放棄とは、不確定効果説によれば、時効の効力を発生させないことに確定させる意思表示であり、その前提として、時効の完成を知っていることを必要とするものである（最判昭35.6.23民集14.8.1498[73]）。

　これに対し、時効完成後の債務の承認は、時効完成の知・不知にかかわらず、これによって時効援用権を失うものであり、例えば債務の支払約束の事実があれば、これだけでその要件事実を尽くすことになる。

　したがって、時効利益放棄の意思表示が黙示的にされたと主張し、時効完成後の債務の承認に当たる事実（例えば債務の支払約束の事実）をもってその黙示の意思表示を基礎づける事実として当事者の主張を要するとの見解に立つ場合には、時効利益の放棄の主張は時効完成後の債務の承認の主張を内包する関係になるから、時効利益の放棄の主張は、通常、法的に無意味（主張自体失当）である。

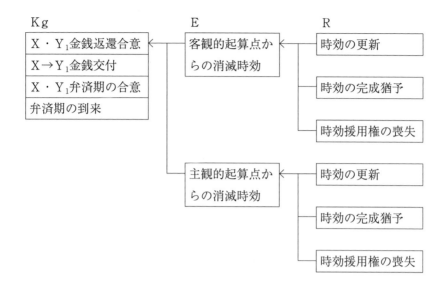

第3　諾成的消費貸借契約に基づく貸金返還請求
　1　設例
　　　XがY₁に対し、諾成的消費貸借契約（民法587条の2）に基づき貸金の
　　返還を請求する場合について検討する（設例2）。

```
┌─────────────────────────────────────┐
│        【設例2】                     │
│              貸金返還                │
│        X ══════════⟹ Y₁            │
│     貸主（諾成的消費貸借）借主        │
└─────────────────────────────────────┘
```

　2　訴訟物
　　　諾成的消費貸借契約に基づく貸金返還請求訴訟においても、①貸金元本
　　と共に、②利息、③遅延損害金が請求されることが想定されるが、①は諾
　　成的消費貸借契約に基づく貸金返還請求権、②は利息契約に基づく利息請
　　求権、③は履行遅滞に基づく損害賠償請求権であり、法的性質を異にする
　　ものであるから、それぞれ別個の訴訟物である。
　3　請求原因
　⑴　諾成的消費貸借契約に基づく貸金返還請求
　　　　XがY₁に対し、諾成的消費貸借契約に基づき貸金の返還を請求する
　　　場合、弁済期の定めのあるときは、Xは、請求原因として、
　　　①　XがY₁との間で、XがY₁に金銭を引き渡すこと及びY₁がXに同額
　　　　の金銭を返還することを合意したこと
　　　②　①の合意が書面（又は電磁的記録）によること
　　　③　XがY₁に対し①に基づき金銭を交付したこと
　　　④　XがY₁との間で弁済期の合意をしたこと
　　　⑤　弁済期が到来したこと
　　　を主張立証することになる。
　　　　諾成的消費貸借契約（民法587条の2）の成立のためには、①の諾成的
　　　消費貸借契約の合意に加えて、②の書面によることが必要となる。諾成
　　　的消費貸借契約がその内容を記録した電磁的記録によってされたときは、

書面によってされたものとみなされるから（民法587条の2第4項）、その場合、Xは、①の合意が電磁的記録によってされたことを主張立証すべきである。

　　諾成的消費貸借契約においても、貸主が①の合意に基づいて目的物を交付していなければその返還を請求することはできないと考えられるから、貸金の返還を請求するためには、③が必要となる。

　　諾成的消費貸借契約も貸借型の契約であることから、貸主が貸金の返還を請求するためには、前記第2の3(1)アのとおり、④と⑤が必要となる（28頁参照）。

　　弁済期の定めのないときは、前記第2の3(1)イと同様であると考えられる（29頁参照）。

(2)　利息請求

　　XがY₁に対し、一定期間分の利息を請求する場合の請求原因は、前記第2の3(2)の場合と同様であると考えられる（31頁参照）。

(3)　遅延損害金請求

　　XがY₁に対し、遅延損害金を請求する場合の請求原因は、前記第2の3(3)の場合と同様であると考えられる（32頁参照）。

4　抗弁以下の攻撃防御方法

　　抗弁以下の攻撃防御方法は、前記第2の4の場合と同様であると考えられる（33頁参照）。

5　諾成的消費貸借契約に基づく借主の金銭交付請求

　　借主は、請求原因として、諾成的消費貸借契約（民法587条の2）の成立要件に該当する事実（前記3(1)参照）を主張立証すれば、貸主に対し、当該諾成的消費貸借契約に定められた金銭の交付を請求することができる。

第4　保証債務履行請求

1　設例

　　次に、XがY₂に対し、保証債務の履行を請求する場合について検討する（設例3）。

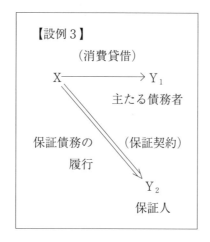

【設例3】

（消費貸借）

X ─────────→ Y₁

　　　　　　　主たる債務者

保証債務の　　（保証契約）

　履行

　　　　　　　Y₂

　　　　　　　保証人

2　訴訟物

　　保証契約と連帯保証契約との関係については、保証契約と連帯保証契約とを別個の契約類型と解する見解もあるが、連帯保証債務は、保証契約において、保証債務のもつ補充性を奪って債権者の権利を強化するため、保証人が主たる債務者と連帯して債務を負担することを特約することによって成立する債務であると解するのが相当である。

　　したがって、連帯保証契約は保証契約に特約が付されたものであり、保証契約が原則的形態となるから、設例の場合の訴訟物は保証契約に基づく保証債務履行請求権である。

　　保証債務履行請求訴訟においても、元本と共に、利息、遅延損害金が請求されることが多いが、保証債務は、特約のない限り、その対象として主たる債務に関する利息や遅延損害金を包含するものであり（民法447条1項）、1個の保証契約に基づき元本、利息、遅延損害金の保証債務の履行を請求する場合、これらはすべてその保証契約に基づく保証債務履行請求権に包含されているといえるから、訴訟物は1個である。

3　請求原因

(1)　要件事実

　　　XがY₂に対し、保証債務の履行を請求する場合、Xは、請求原因として、

①　主たる債務の発生原因事実

②　Y₂がXとの間で①の債務を保証するとの合意をしたこと

③　Y₂の②の意思表示は書面（又は電磁的記録）によること

を主張立証することになる。

　民法446条2項が「保証契約は、書面でしなければ、その効力を生じない。」と定めていることについては、同項の趣旨が、保証人を保護するため、保証意思が外部的にも明らかになっている場合に限り契約としての拘束力を認めるという点にあるから、専ら保証人の保証意思が書面上に示されていれば足りるとの見解（吉田ほか・改正民法の解説14頁）と、保証契約書を作成するか、申込み・承諾共に書面ですることを要するとの見解（加藤・新民法大系Ⅲ467頁）があり、前者の見解によれば、③が要件事実となる。保証契約がその内容を記録した電磁的記録によってされたときは、書面によってされたものとみなされるから（民法446条3項）、その場合、Xは、Y₂の②の意思表示が電磁的記録によってされたことを主張立証すべきである。

　なお、民法458条の3第1項によれば、主たる債務について期限の利益喪失約款の合意がされており、当該合意による期限の利益喪失の時から生じた遅延損害金に係る保証債務の履行を請求する場合、Xは、請求原因として、[A]（ⅰ）Xが、その期限の利益喪失を知ったこと、（ⅱ）XがY₂に対し、その期限の利益喪失を知った時から2か月以内に、その旨を通知したことを併せて主張立証しなければならないと考えられる。Xがその期間内にその通知をしなかった場合には、Xは、期限の利益喪失の時から通知が現に到達するまでに生じた遅延損害金（期限の利益を喪失しなかったとしても生ずべきものを除く。）に係る保証債務の履行を請求することができない（同条2項）。他方、Xは、[A]（ⅰ）（ⅱ）に代えて、[B]Y₂が、保証契約締結当時、法人であったことを主張立証することができる（同条3項）。

(2)　主たる債務

　保証債務は付従性から主たる債務の存在を必要とし、主たる債務が消費貸借契約に基づく貸金返還債務、利息金債務及び遅延損害金債務であれば、①の主たる債務の発生原因事実は、貸金返還請求権、利息金請求

権及び遅延損害金請求権の各発生原因事実となる。

　仮に消費貸借契約に付随して利息の約定はあるものの、Xが利息分の保証債務の履行を請求しない場合には、その約定の主張立証は不要である。ただし、前訴で一部請求であることを明示しておかなければ、Xが後訴において同一の保証契約に基づき利息分の保証債務の履行を請求することはできない（最判昭32.6.7民集11.6.948[51]参照）。

(3)　保証の対象

　②の保証契約については、XがY$_2$に対し保証契約に基づき利息・遅延損害金分の保証債務の履行をも請求する場合、保証契約において利息・遅延損害金が保証の対象になっていることを主張立証する必要はない（民法447条1項）。利息・遅延損害金債務が保証契約の対象外であるときは、Y$_2$において抗弁としてこれらの債務を保証契約から除外するとの合意（特約）があったことを主張立証することになる。

(4)　連帯の約定

　連帯の約定は、これを保証契約に付された特約であるとする見解によれば、催告・検索の抗弁に対する再抗弁に位置づけられ、請求原因として主張立証する必要はない。

　なお、同一訴訟手続内において複数の保証人各自に対しそれぞれ保証債務全額を請求する場合には、請求原因において共同保証人の存在が現れている（民法456条）から、連帯の特約等、共同保証人の各保証債務が連帯保証債務となるべき事実（又は保証連帯関係を生じさせる事実）を主張立証しないと、請求の一部が主張自体失当となるため、この事実を保証債務履行請求の請求原因として主張立証する必要がある（主たる債務が不可分である場合には分別の利益はないが、可分性は、通常、請求原因で明らかとなる。）。

Kg

| 主債務の発生原因事実 |
| X・Y$_2$保証契約の締結 |

4　代理

(1)　設例

　　XがY_2に対し、Y_1がY_2の代理人として保証契約を締結したとして、保証債務の履行を請求する場合について検討する（設例4）。

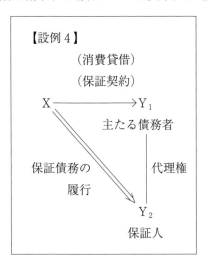

【設例4】

　　　　（消費貸借）

　　　　（保証契約）

　　X────────→Y_1

　　　　　　　　主たる債務者

　　保証債務の　　　　　代理権

　　　履行

　　　　　　　Y_2

　　　　　　　保証人

(2)　代理の要件事実

　　代理人Y_1によってXとY_2の間に保証契約が締結された場合は、

①　主たる債務の発生原因事実

②　Y_1がXとの間で①の債務を保証するとの合意をしたこと（法律行為）

③　Y_1の②の意思表示は書面（又は電磁的記録）によること

④　②の合意の際、Y_1がY_2のためにすることを示したこと（顕名）

⑤　②の合意に先立って、Y_2がY_1に対し、②の合意についての代理権を授与したこと（代理権の発生原因事実）

を主張立証する必要がある。

　　⑤の代理権の発生原因事実は、任意代理人については代理権の授与行為である。

　　代理権授与行為については、代理権授与の原因である本人・代理人間の内部的契約関係（例えば委任）とは別個の行為であることを否定する

見解（事務処理契約説、四宮・能見・民法総則［第9版］348）、別個の行為であるとして、本人の単独行為とする見解（単独行為説、川島・民法総則322）と代理権の発生を目的とした無名契約であるとする見解（無名契約説、我妻・民法総則334）があるが、実務上は、単に、「②の契約締結についての代理権を授与した」というように摘示するのが例である。

　代理権の授与は、代理行為に先立ってされることが必要であるから、代理権の授与が代理行為に先立つことは、時的要素（事実相互の時間的先後関係が要件事実の要素となっている場合）であるが、通常は、代理権の授与と代理行為を特定するための日時（時的因子）によって、代理権授与が代理行為に先立っていることが現れる。時的因子で先後関係が明らかにならない場合は、代理権授与が「②の契約締結に先立って」されたことを摘示すれば足りる。

Kg（有権代理）

主債務の発生原因事実
X・Y₁保証契約の締結
Y₁　Y₂のためにすることを示す
Y₂→Y₁先立つ代理権授与

5　抗弁以下の攻撃防御方法

　保証債務は、主たる債務に付従しているため、主たる債務に関する抗弁以下の攻撃防御方法は、保証債務に関しても同様に攻撃防御方法となる。また、保証人は、主たる債務者が主張することができる抗弁をもって債権者に対抗することができる（民法457条2項）。

　なお、改正法により、事業に係る債務についての保証契約の特則が新設されたことから、これについても概説する。

(1)　消滅時効

　主たる債務について消滅時効が完成したときは、保証人も当事者として時効を援用することができる（民法145条）から、保証人は、これを援用することにより、少なくとも自己との関係では主たる債務が消滅したものとして、付従性に基づき自己の保証債務も消滅したことを抗弁と

して主張立証することができる。

　これに対し、主たる債務者に対する時効の完成猶予及び時効の更新
（前記第2の4(3)のウ及びエ）は、保証人に対しても効力を生ずるか
ら（民法457条1項）、主たる債務者に対する時効の完成猶予及び時効の
更新は再抗弁となる。他方、時効援用権の喪失や時効利益の放棄は相対
的効力を生ずるにすぎないから、主たる債務者が時効援用権を喪失した
り時効利益を放棄したことは再抗弁とはならない。

　なお、保証人は、保証債務の時効完成について自己の援用権を行使す
ることもできるから、これを抗弁として主張立証することもできる。

(2)　相殺、取消し、解除

　民法457条3項によれば、主たる債務者が、債権者に対して、相殺
権、取消権又は解除権を有するときは、保証人は、主たる債務者が、そ
の相殺権、取消権又は解除権の行使によって債務を免れる限度で、保証
債務の履行を拒絶することができる。そのため、Y_2は、主たる債務者
の相殺権、取消権又は解除権による履行拒絶の抗弁として、

①　主たる債務者Y_1が有する相殺権、取消権又は解除権の発生原因事
　実

を主張立証し、

②　その相殺権、取消権又は解除権をもって、保証債務の履行を拒絶す
　る

との権利主張をすることができる。

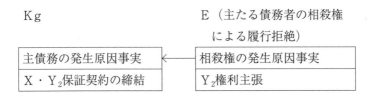

(3)　事業に係る債務についての保証契約の特則

　ア　事業のために負担した貸金等債務（金銭の貸渡し又は手形の割引を
　　受けることによって負担する債務。民法465条の3第1項参照）を主

たる債務とする保証契約は、一定の要件を満たさない限り、その効力を生じない（民法465条の6第1項）。

　そのため、Xが、Y₁のXに対する貸金返還債務を主たる債務として、Y₂との間で保証契約を締結したとして、Y₂に対して、保証債務の履行を請求する場合、Y₂は、事業に係る債務の抗弁として、

　その金銭の貸渡しが事業のためにされたこと

を主張立証することができる。

イ　事業に係る債務の抗弁に対して、Xは、保証意思宣明公正証書作成の再抗弁として、

　　　Y₂が、保証契約の締結に先立ち、その締結の日前1か月以内に民法465条の6第2項、民法465条の7の定める方式に従って作成された公正証書で、保証債務を履行する意思を表示したこと

を主張立証することができる（民法465条の6第1項）。

　また、事業に係る債務についての保証契約の特則は、保証人になろうとする者が法人である場合には適用されないから（民法465条の6第3項）、Xは、再抗弁として、

　　　Y₂が、保証契約締結当時、法人であったこと

を主張立証することができる。

　さらに、民法465条の6第1項の規定は、民法465条の9所定の場合には適用されないから、Xは、再抗弁として、主債務者であるY₁が法人の場合には、Y₂が、保証契約締結当時、その法人の理事、取締役、執行役又はこれらに準ずる者であったことなどを、主債務者であるY₁が個人の場合には、Y₂が、保証契約締結当時、主債務者と共同して事業を行う者であったこと、又は、Y₂が主債務者の配偶者であり、かつ、主債務者が行う事業に現に従事している者であったことを主張立証することができる。

消費貸借契約に基づく貸金返還請求訴訟における典型的攻撃防御の構造

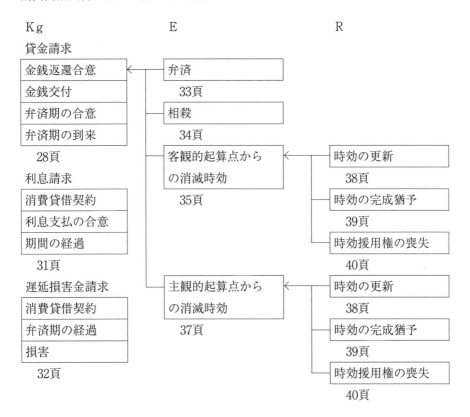

保証債務履行請求訴訟における典型的攻撃防御の構造

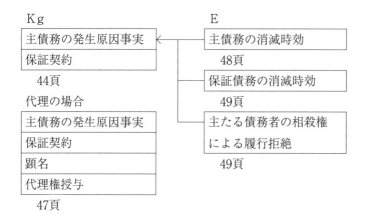

第3章　所有権に基づく不動産明渡請求訴訟

第1　はじめに

　　土地、建物等の不動産に関する訴訟は、民事訴訟全体の中でも主要な地位を占めるものであるが、その中でも重要なものの一つとして、土地明渡し、建物明渡し、建物収去土地明渡し等の不動産明渡請求訴訟の類型が挙げられる。

　　そこで、このような類型のうち、所有権に基づき土地明渡しを求める場合（第2）と建物収去土地明渡しを求める場合（第3）について、その訴訟物及び典型的な攻撃防御の構造を概観する。

第2　土地明渡請求

　1　設例

　　　Xが、Yに対し、所有権に基づき土地の明渡しを求める場合について検討する（設例1）。

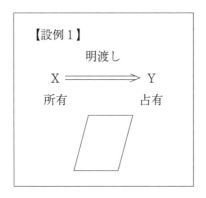

　2　訴訟物

　(1)　主たる請求の訴訟物

　　　物権の円満な状態が妨害され、又は妨害されるおそれがある場合に、その物権を有する者は、妨害の排除又は予防のため、一定の行為を請求することができ、これを物権的請求権という。所有権に基づく物権的請求権については、占有訴権における①占有回収の訴え、②占有保持の訴

え、③占有保全の訴えに対応して、①他人の占有によって物権が侵害されている場合の返還請求権、②他人の占有以外の方法によって物権が侵害されている場合の妨害排除請求権、③物権侵害のおそれがある場合の妨害予防請求権を認めるのが通説である（我妻＝有泉・新訂物権法21、舟橋・物権法27等。なお、抵当権に基づく妨害排除請求権については、最判平17.3.10民集59.2.356[8]参照）。

　不動産明渡請求訴訟は他人の占有によって不動産所有権が侵害されている場合に認められるものであるから、その場合の訴訟物は、所有権に基づく返還請求権としての不動産（土地又は建物）明渡請求権となる。

(2)　附帯請求としての損害金請求の訴訟物

　所有権に基づき不動産の明渡しを請求する場合には、附帯請求として、所有権侵害の不法行為に基づく損害賠償請求権に基づき、不動産の使用収益を妨げられたことによる損害金を請求するのが通常である。その訴訟物を、不動産の占有による不当利得に基づく利得返還請求権と構成する余地もあるが、このように構成した場合には、請求原因として、利得が法律上の原因に基づかないことまで主張立証する必要がある（最判昭59.12.21集民143.503）。

　Xの損害は、Yの占有開始時から発生することになるが、実務上は、損害金の一部分のみを請求する趣旨で、占有開始後の特定の日以降に発生した損害金のみを請求する場合がある。不動産の不法占拠という継続的不法行為による損害賠償請求権の個数のとらえ方によって、この請求が全部請求であるのか、一部請求であるのかが異なってくる。

　継続的不法行為による損害賠償請求権は、時々刻々発生する損害賠償請求権の集合ではなく、全体として1個の侵害行為に基づく1個の損害賠償請求権であり、損害が日々発生するだけであると解するのが相当である（末川「不法行為に因る損害賠償請求権の時効」不法行為並に権利濫用の研究122等）から、このような請求は一部請求となる。一部請求の場合には、訴訟物の範囲を明らかにするために、よって書きの中で一部請求であることを明示するのが通常である。

3　請求原因

(1)　明渡請求

　ア　所有権に基づく返還請求権としての不動産明渡請求権の発生要件は、

　　①　Xがその不動産を所有していること

　　②　Yがその不動産を占有していること

　　である。

　　　Yが占有権原を有しないことは、明渡請求権の発生要件ではなく、Yが占有権原を有することが発生障害要件である。したがって、Yが占有権原を有することは、抗弁としてYが主張立証責任を負う（最判昭35.3.1民集14.3.327[20]）。

　イ　前記のとおり、所有権に基づく返還請求権としての明渡請求権の発生要件としては、まず、Xが現在すなわち口頭弁論終結時において不動産を所有していることが必要である。

　　　その要件事実は、Xの所有権取得原因となる具体的事実であるが、現在若しくは過去の一定時点におけるX又はその前主等の所有について権利自白が成立する場合には、Xは、X又はその前主等の所有権取得原因となる具体的事実を主張立証する必要がない。

　　　したがって、この点に関する請求原因の摘示は、Yの防御の態様に応じ、典型的には、次のようになる。

　　㋐　まず、Yが過去の一定時点におけるXの所有を認めた上で、所有権喪失の抗弁として、X以外の者の所有権取得原因事実（売買など）を主張する場合が考えられる（設例ア）。

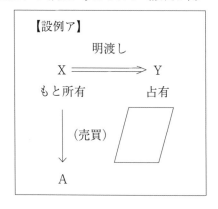

【設例ア】

明渡し

X ⟹ Y

もと所有　　　占有

（売買）

A

　　この場合には、X以外の者の所有権取得原因事実の発生時点当時におけるXの所有について権利自白が成立しているとみることができ、X以外の者の所有権取得原因事実が立証されない限り、Xの所有権は現在も存続しているものと扱われるから、請求原因として、Xがその不動産を権利自白成立時点すなわちX以外の者の所有権取得原因事実の発生時点当時所有していたことを摘示することになる。

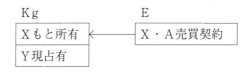

(イ)　次に、Xが所有権を前主Aから承継取得したと主張した場合に、Yが、Aがその不動産をもと所有していたことを認めた上で、YはAから承継取得したとして、YのAからの所有権取得原因事実を主張し、Yの対抗要件具備による所有権喪失の抗弁又は対抗要件の抗弁を主張する場合が考えられる（設例イ）。

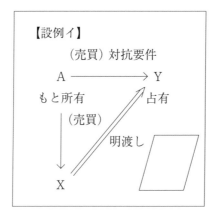

　　この場合には、XのAからの所有権取得原因事実の発生時点あるいはYのAからの所有権取得原因事実の発生時点のいずれか早い時点当時におけるAの所有について権利自白が成立しているとみることができ、請求原因としては、Aがその不動産をその時点当時所有

していたこと及びXのAからの所有権取得原因事実を摘示すること
になる。

対抗要件具備による所有権喪失の抗弁

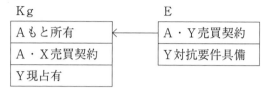

対抗要件の抗弁

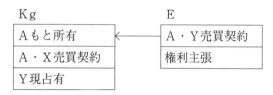

(ウ)　さらに、YがXの現在の所有を認めた上で、これを前提に占有権
原の抗弁を主張する場合が考えられる（設例ウ）。

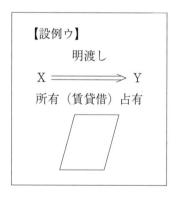

　この場合には、Xの現在の所有について権利自白が成立すること
になるので、Xは、所有権取得原因事実を主張立証する必要がな
い。この場合には、請求原因として、Xがその不動産を現在所有し
ていることを摘示することになる。

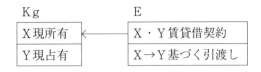

ウ　次に、Xは、Yによる妨害状態として、Yが現在すなわち口頭弁論
終結時においてその不動産を占有していることを主張立証しなければ
ならない（現占有説）。

占有の時的要素については、Xが、Yの過去の一定時点における占
有を主張立証すれば、占有の喪失をYが抗弁として主張立証すべきで
あるとする見解（もと占有説）もあるが、物権的請求権は物権に対す
る妨害状態が存する限りその物権から不断に発生するものであるとい
う実体法的認識と整合する現占有説が相当である。

ところで、占有は事実概念であると考えられる（於保・物権法上
169等）が、占有の要素である事実的支配すなわち所持（民法180条）
自体が、物に対する物理的支配の有無によってではなく、社会観念に
従って決定されるものとされることによって、既に相当観念化してい
る上に、民法が代理占有関係を認めている（民法181条）ことから、
占有の概念はなお一層観念化している。このような実体法的認識を前
提とすると、占有は、攻撃防御方法の観点からみた場合に、極めて抽
象度の高い概括的な事実ということになる。

したがって、Yの占有について当事者間に争いがない場合には、概
括的抽象的事実としての「占有」について自白が成立したものとし
て、Yがその不動産を占有していると摘示することで足りる。

争いがある場合には、単に「占有」と主張するだけでは攻撃防御の
目標たり得ないから、Xとしては、少なくとも、自己占有か代理占有
かを明らかにするため、自己占有のときには民法180条所定の所持の
具体的事実を、代理占有のときには民法181条所定の成立要件に該当
する具体的事実を主張しなければならない。この具体的事実は間接事
実ではなく、主要事実であるが、どの程度まで詳細かつ精密に具体化
しなければならないかという点は、個別の訴訟におけるその要件事実

の果たす役割を踏まえて、具体的に決せられる。

(2)　損害金請求

　　不法行為に基づく損害賠償請求権の要件事実は、

①　権利侵害

②　①についてのYの故意又は過失

③　損害の発生とその数額

④　①と③との因果関係

である。

　　①の権利侵害があったというためには、被侵害利益の存在と加害行為が必要となる。

　　所有権に基づく不動産明渡請求の附帯請求としての損害金請求の場合には、被侵害利益は、不法行為期間中のXの所有権であり、侵害行為は、Xのその不動産の使用収益をYが妨害すること、すなわちYのこの期間中の占有継続である。

　　そして、ある期間中の占有継続については、民法186条2項により推定されるので、Xは、その期間の始期における占有と終期における占有（将来請求もする場合は口頭弁論終結時における占有）を主張立証すれば足りる。もっとも、実務上は、このような推定を使った摘示をせずに、その期間の開始時からYが占有していると摘示するのが通常である。

　　③の損害額としては、賃料相当額が主張されるのが通常である。①と③以外の事実は、実務上摘示しない場合が多い。

　　実務上は、附帯請求として、その不動産の明渡済みまでの損害金を請求するのが通常である。この場合に、口頭弁論終結後の損害金を請求する部分は、将来の給付の訴えとなるから、あらかじめその請求をする必要があることが要件となる（民訴法135条）が、既に発生した部分について履行がない場合には、通常、将来発生すべき部分についてもあらかじめ請求する必要があると解される。

4　抗弁以下の攻撃防御方法

(1)　抗弁の類型

　　所有権に基づく不動産明渡請求において、Yが主張する抗弁のうち、

　　典型的なものとしては、所有権喪失の抗弁と占有権原の抗弁があり、ま
　た、対抗要件の抗弁が問題となる場合もある。さらに、それぞれの抗弁
　について、再抗弁、再々抗弁等が主張される場合がある。
　　そこで、以下では、これらの抗弁の類型ごとに、抗弁以下の攻撃防御
　方法を概観し、さらに、抗弁相互の関係についても検討することとする。
(2)　所有権喪失の抗弁
　ア　所有権に基づく不動産明渡請求において、Yが、過去の一定時点に
　　おいてXが不動産を所有していたことを前提として、X以外の者の所
　　有権取得原因事実を主張する場合がある（55頁の設例ア）。
　　　所有権取得原因事実としては、具体的には、原始取得の原因事実で
　　ある時効取得等を主張する場合と承継取得の原因事実である売買、贈
　　与等を主張する場合とが考えられるが、前者の場合には、原始取得に
　　よって、その物についてXが有していた所有権自体が消滅することに
　　なるので、従来の所有者であったXは、その所有権を喪失することに
　　なり（好美・新版注釈民法(7)194）、また、後者の場合には、所有権自
　　体は存在を失わないが、主体についての変更が生ずることにより、や
　　はり、従来の所有者であったXは、その所有権を喪失することにな
　　る。したがって、Yがいずれの所有権取得原因事実を主張した場合で
　　も、X以外の者の所有権取得によって、Xはその所有権を喪失するこ
　　とになるので、このような実体法上の効果からみれば、Yの主張は抗
　　弁として機能することになる。このような抗弁を所有権喪失の抗弁と
　　呼んでいる。
　イ　そこで、次に、所有権喪失の抗弁の典型例として、X・A間の売買
　　を主張する場合について検討する。
　　　売主の所有する特定物の売買においては、売買契約の締結によって
　　原則として直ちに買主への所有権移転の効力が生ずる（最判昭33.6.20
　　民集12.10.1585[74]）から、Yが所有権喪失の抗弁としてX・A間の
　　売買を主張する場合には、XがAとの間でその不動産の売買契約を締
　　結したことを主張すれば足り、代金の支払まで主張する必要はない。
　　　次に、売買契約の締結を主張する場合における代金額の主張の要否

及びその具体化の程度が問題となるが、売買契約が成立するためには、目的物が確定していることのほか、代金額又は代金額の決定方法が確定していることが必要であり、Ｙが売買契約の締結を主張する場合には、代金額又は代金額決定方法の合意を主張しなければならない（2頁）。

　また、売買契約の締結に際して、所有権留保特約、無催告解除特約、代金支払方法の約定などがされることもあるが、これらの合意は、売買契約の成立要件ではなく、合意により発生する法律効果によって利益を受ける者がその主張立証責任を負う。したがって、Ｙが所有権喪失の抗弁として売買を主張する場合に、これらの合意を主張立証する必要はない。

ウ　このように、Ｙが所有権喪失の抗弁としてＸ・Ａ間の売買を主張した場合に、これに対してＸが主張しうる再抗弁としては、例えば、通謀虚偽表示、催告による解除、所有権留保特約等が考えられるので、以下、これらの再抗弁について、簡単に検討する。

　(ア)　通謀虚偽表示

　　Ｙが所有権喪失の抗弁としてＸ・Ａ間の売買を主張した場合、Ｘは、再抗弁として、その売買契約が通謀虚偽表示であることを主張立証することができる。

　　抗弁で主張された売買契約の成立時に当事者がこれに対応する内心的効果意思を欠き、通謀虚偽表示が成立する場合には、売買契約は無効となり（民法94条1項）、売買による所有権移転の効果が覆されるからである。

　(イ)　催告による解除

　　Ｙが所有権喪失の抗弁としてＸ・Ａ間の売買を主張した場合、Ｘは、再抗弁として、催告による解除を主張立証することができる。

　　Ｘが代金支払債務につき弁済期の定めを主張していない場合を例にとると、代金支払債務の履行遅滞を理由とする催告による解除の要件事実は、

　①　ＸがＡに対して代金支払の催告をしたこと

②　①の催告後、相当期間が経過したこと

③　XがAに対して②の期間経過後に解除の意思表示をしたこと

④　XがAに対して①の催告以前に売買契約に基づき目的不動産の所有権移転登記手続（及び引渡し）の提供をしたこと

となる。

　まず、履行遅滞を理由とする催告による解除をするためには民法541条本文の規定による催告が必要であるが、一つの催告で契約解除のための催告と付遅滞のための催告とを兼ねることができるので、この場合の付遅滞の要件事実としては、①の催告があれば足りる（12頁）。この場合、催告に相当な期間を定めたことは要件事実ではない（12頁）。

　次に、この解除の再抗弁は、売買契約締結の事実を前提として、契約に基づく代金支払債務の履行遅滞を主張するものであるが、代金支払債務の発生原因である売買契約締結の事実自体から代金支払債務に同時履行の抗弁権が付着していることが明らかであり、同時履行の抗弁権の存在は、履行遅滞の違法性阻却事由に当たると解されている（5頁）。したがって、解除を主張するXは、同時履行の抗弁権の存在効果を否定する事由を主張立証する必要があり、通常は、④の目的不動産の所有権移転登記手続（及び引渡し）の提供を主張立証することになる。

　民法541条本文の催告は、付遅滞のための催告とは違い、債務者に履行の機会を与えるためのものであるから、本来は、催告をした上で相当期間内に履行がない場合に、改めて契約解除の意思表示をすべきことになる。しかし、このような場合には、相当な期間を定めて催告し、同時に、催告期間内に履行がないときは売買契約を解除するとのいわゆる停止条件付解除の意思表示をするのが通常である。この意思表示を合理的に解釈すれば、催告期間が経過したときに売買契約を解除するとの停止期限付解除の意思表示とみるのが相当である（21頁）。

(ウ)　所有権留保特約

　　　前記のとおり、売主の所有する特定物の売買においては、売買契約の締結によって、原則として直ちに買主への所有権移転の効力が生ずるが、実際の取引では、当事者が特約で、代金支払・登記・引渡しが行われた時に所有権が移転すると定めることが多い（我妻＝有泉・新訂物権法61）。このような所有権移転時期を定める特約のうち、代金完済時に所有権を移転するとの合意を所有権留保特約という。

　　　所有権留保特約の法的性質については、この特約が経済的に売買代金の支払を確保するための担保として機能することから、法的にも担保権と構成すべきであるとする見解もあるが（安永「所有権留保の内容、効力」担保法体系Ⅳ・372）、通説は、売買における所有権移転の効果を代金の完済という事実の成就にかからしめる特約であり、一種の停止条件であると解しており（我妻・債権各論中一317等）、判例も同様の立場に立つと思われるものがある（最判昭49.7.18民集28.5.743[10]）。

　　　この見解によれば、Yが、所有権喪失の抗弁として、X・A間の売買を主張した場合に、Xは、再抗弁として、所有権留保特約を主張立証することができ、この再抗弁に対して、Yは、条件の成就に当たる売買代金全額の弁済を主張立証することができることになる。

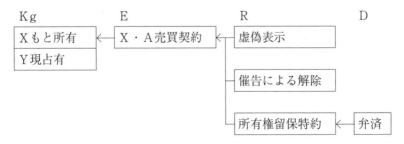

(3)　対抗要件の抗弁

　ア　対抗要件に関する主張立証責任はだれが負うべきか、どのような要

件事実を主張すべきかについては、見解が分かれる。

　第三者の側で対抗要件の欠缺を主張し得る正当な利益を有する第三者であることのみを主張立証すれば足りるとする見解（第三者抗弁説）では、例えば、Z所有の土地をXが買い受け、同土地を占有するYに対し、所有権に基づき明渡請求をしたのに対し、Yが占有権原の抗弁として、ZとYとがその土地について地上権設定契約を締結したこと、ZがYに対し、同契約に基づいてその土地を引き渡したことを主張すると、Yが正当な利益を有する第三者であることを基礎づける事実を主張したことになり、Yとしては、Xの所有権取得につき対抗要件の有無を問題として主張する趣旨ではなかったとしても、対抗要件の抗弁が当然に主張されたことになるため、妥当でない結果となる。

　対抗要件の欠缺を主張し得る正当な利益を有する第三者であることに加えて、対抗要件を具備していないことまで主張立証する必要があるとする見解（事実抗弁説）では、消極的事実の主張立証を要求することになり、登記以外の種類の対抗要件の事案では妥当でないことが多い。

　そこで、Yが、抗弁として、いわゆる正当な利益を有する第三者であることを基礎づける事実を主張立証し、かつ、対抗要件の有無を問題としてこれを争うとの権利主張をすることを要すると解すべきである（権利抗弁説）。

　この対抗要件の抗弁に対して、Xは、再抗弁として、対抗要件の具備の事実を主張立証することができる。

イ　ところで、例えば、Xが、請求原因で、Aがその不動産をもと所有していたこと及びAがXとの間で売買契約を締結したことを主張した

のに対して、Yは、AがYとの間でも売買契約を締結したとして、前記のとおり、対抗要件の抗弁を主張することができるが、他方、AがYとの間で売買契約を締結したことに加えて、Yが売買契約に基づき登記を具備したことを主張立証することもできる（56頁の設例イ）。後者は、Yが目的物の所有権を確定的に取得したことにより、Xが所有権を喪失したとの主張であり、対抗要件具備による所有権喪失の抗弁ということになる。そこで、この場合の両抗弁の関係が問題となる。

　当事者の主張については、弁論主義を機械的に適用するのではなく、当事者が意識したものを取り上げ、法的観点についても当事者に一定の関与の機会を付与しようとするのが最近の実務、学説の考え方であるが、このような考え方に従えば、Yが売買契約に基づく登記具備を明確に主張し、Xもこれを争っていないような場合（登記具備の事実は、書証として登記事項証明書が提出されることによって容易に裏付けられるので、実務上は、その段階で争いがないものとされる場合が多い。）には、Yとしては、Xの所有権を肯定した上で自己との関係でその行使を許さないと主張しているのではなく、そもそもXは所有者ではなく、自らが所有者であると主張しているものと理解すべきであり、したがって、対抗要件に関する権利主張もしていないとみるべき場合が多いといえよう。

(4)　占有権原の抗弁

　前記のとおり、Yが正当な占有権原を有することについては、Yが主張立証責任を負う。したがって、Yは、抗弁として、このような占有権原に基づいて占有していることを主張立証することができる（57頁の設例ウ）。

　具体的な占有権原としては、地上権、賃借権、使用借権などが挙げられる。

　例えば、賃借権の場合、Yは、抗弁として、

①　XとYとがその土地について賃貸借契約を締結したこと
②　XがYに対し、①の契約に基づいてその土地を引き渡したこと
を主張立証することができる。

第3　建物収去土地明渡請求

1　設例

　　Xが、Yに対し、土地所有権に基づき建物収去土地明渡しを求める場合について検討する（設例2）。

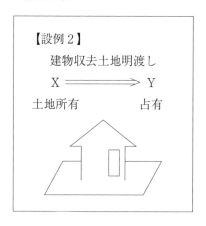

【設例2】
建物収去土地明渡し
X ＝＝＝＝＝＝＞ Y
土地所有　　　　占有

2　訴訟物

　　土地所有者が、土地上に建物を所有して土地を占有する者に対して、所有権に基づき建物収去土地明渡しを請求する場合の訴訟物については、見解が分かれる（田尾「買取請求権が行使された場合の判決主文の表示方法」民事実務ノート3.78参照）。

　　この場合の訴訟物を所有権に基づく返還請求権としての土地明渡請求権1個であると解するのが通説である（旧1個説、中田「申立事項と判決事項」法学論叢64.6.75等）。この見解は、土地上の建物所有による土地の占有によって土地所有権が侵害されている場合、土地所有者には土地返還請求権のみが発生するのであり、判決主文に建物収去が加えられるのは、土地明渡しの債務名義だけでは別個の不動産である地上建物の収去執行ができないという執行法上の制約から、執行方法を明示する必要があるためであるにすぎず、したがって、建物収去は、土地明渡しの手段ないし履行態様であって、土地明渡しと別個の実体法上の請求権の発現ではないとする。

　　この見解のほかに、土地所有権に基づく妨害排除請求権としての建物収去請求権と土地所有権に基づく返還請求権としての土地明渡請求権の2個

であるとする見解（2個説）が考えられ、また、物権的請求権の3種類(53頁)の内容はその通常の型を示しただけであり、請求権の内容は、侵害の態様に応じて変化するとして、建物所有による土地占有という態様の侵害に対して建物収去土地明渡しを請求する場合の訴訟物は、土地所有権に基づく建物収去土地明渡請求権1個であるとする見解（新1個説）もある。

　しかし、2個説については、同一人の同一土地に対する同一時期の妨害として、占有侵奪という態様によるものとそれ以外の態様によるものとは併存し得ないのではないかという疑問がある。また、新1個説については、伝統的な物権的請求権の分類に照らし、なお検討を要するところであろう。

　判例には、この点を明確に判示したものはないが、通説と同様の立場に立っていると思われる（最判昭33.6.6民集12.9.1384[62]、最判昭36.2.28民集15.2.324[17]、最判昭54.4.17集民126.585）。

　通説の見解によれば、この場合の訴訟物は、所有権に基づく返還請求権としての土地明渡請求権1個となる。

3　請求原因

　前記のとおり、所有権に基づく返還請求権としての不動産明渡請求権の発生要件は、

①　Xがその不動産を所有していること

②　Yがその不動産を占有していること

であるが、Yが土地上に建物を所有して土地を占有しているとして建物収去土地明渡しを請求する場合には、建物収去の主文を導くために、占有についての争いの有無にかかわらず、Yが土地上に建物を所有して土地を占有していることを主張しなければならない。例えば、この要件は、建物の敷地が土地の大部分を占める場合には、

①　その土地上に建物が存在すること

②　Yがその建物を所有していること

で足りる（②について争いがある場合には、所有権取得原因事実を主張すべきである。）。この場合、建物収去部分は訴訟物に準じるものとして審判の対象となると考えられる（最判平5.11.11民集47.9.5255[44]参照）。

4　抗弁以下の攻撃防御方法

　　建物収去土地明渡請求に関する抗弁以下の攻撃防御方法は、被告の建物所有に関する攻撃防御方法が加わるほかは、土地明渡請求に関するそれと同一である。

　　Yが建物の所有権を喪失したとの主張はYの建物所有に関する抗弁となるが、Yが、建物の所有権を取得し自らの意思に基づいてその旨の登記をした場合は、建物を他に譲渡したとしても、Yが引き続き登記名義を保有する限り、Xに対し、建物所有権の喪失を主張して建物収去土地明渡しの義務を免れることはできない（最判平6.2.8民集48.2.373[8]）。

所有権に基づく土地明渡請求訴訟における典型的攻撃防御の構造

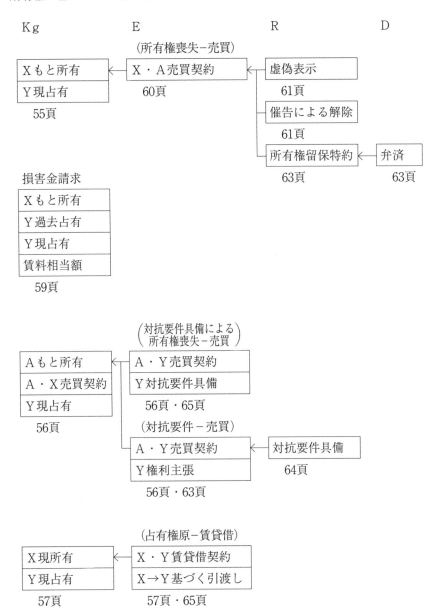

所有権に基づく建物収去土地明渡請求訴訟における典型的攻撃防御の構造

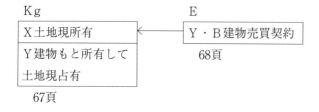

第4章　不動産登記手続請求訴訟

第1　はじめに

　　不動産に関する訴訟は、民事訴訟全体の中でも主要な地位を占めるものであるが、その中でも重要なものの一つとして、登記手続請求訴訟の類型が挙げられる。

第2　登記請求権

　　権利に関する登記は、虚偽登記を防止するため、登記権利者と登記義務者との共同申請によるのが原則とされている（不動産登記法60条）ことから、登記義務者が登記申請に協力しない場合に登記権利者に登記義務者に対して登記申請に協力すべきことを求める実体法上の請求権が認められている。このような登記権利者が登記義務者に対し登記官に対する登記申請という公法上の意思表示をすべきことを求める権利を登記請求権という。

　　登記請求権の法的性質、発生原因をどのように把握するかについて、学説は多岐に分かれている（月岡「登記請求権」民法講座2.233）が、判例により認められている登記請求権は、一般に、物権的登記請求権、債権的登記請求権、物権変動的登記請求権の3類型に整理されている（我妻＝有泉・新訂物権法138、伊藤＝平手「要件事実論による若干の具体的考察」ジュリスト869.32）。

1　物権的登記請求権

　　物権的登記請求権とは、現在の実体的な物権関係と登記とが一致しない場合に、この不一致を除去するため、物権そのものの効力として発生する登記請求権をいう（大判大7.7.10民録24.1441等、伊藤＝平手・前掲32）。

　　物権的登記請求権は、典型的には真実の権利者からの不実登記の抹消登記請求権という態様で現れるが、判例は、真正な登記名義の回復を登記原因とする移転登記請求権も認めている（最判昭30.7.5民集9.9.1002[63]、最判昭32.5.30民集11.5.843[45]、最判昭34.2.12民集13.2.91[8]等。なお、当該請求権が認められない場合があることにつき、最判平22.12.16民集64.8.2050[31]参照）。

　そして、これらの場合には、相手方の登記の存在が物権に対する目的物の占有以外の態様による妨害になっていると考えられるので、物権的登記請求権の法的性質は妨害排除請求権であると解される（伊藤＝平手・前掲31）。

2　債権的登記請求権

　債権的登記請求権とは、不動産の売買契約などのように物権の移転を目的とする契約の効果としての財産権移転義務の一内容として当事者が対抗要件を具備させる義務を負う場合や、中間省略登記請求権、賃借権設定登記請求権などのように、売買契約や賃貸借契約に加えて、当事者間で一定の登記手続をするとの合意がされた場合などに発生する登記請求権をいう（伊藤＝平手・前掲32、35）。

3　物権変動的登記請求権

　物権変動的登記請求権とは、物権変動の過程、態様と登記とが一致しない場合に、その不一致を除去するために、物権変動それ自体からこれに対応する請求権として発生する登記請求権をいう。例えば、不動産の買主がその不動産を転売して所有権を喪失し、かつ、売買契約に基づく債権的登記請求権も消滅時効にかかっているような場合にこの請求権を認める実益がある（伊藤＝平手・前掲36）。

　物権変動的登記請求権としては、積極的物権変動的登記請求権と消極的物権変動的登記請求権とが考えられる。前者は、権利の設定、移転などの積極的な物権変動があった場合に、物権変動を生じた当事者間において認められるとされ（大判大5.4.1民録22.674）、後者は、解除や取消しによる物権の復帰的変動のような実体法上の消極的物権変動が存在する場合や登記が示す物権変動がもともと不存在又は無効である場合に、登記を実体関係に符合させるため外観的変動の当事者間で認められるとされる（最判昭36.4.28民集15.4.1230[54]参照）。

第3　登記手続請求訴訟における訴訟物及び典型的攻撃防御の構造

　そこで、以上のような登記請求権に関する議論を前提として、典型的な登記手続請求訴訟における訴訟物と攻撃防御の構造を概観する。

1　所有権移転登記抹消登記手続請求

(1)　設例

　　まず、ある不動産につき、XからYへの所有権移転登記がされている場合において、XがYに対し、Xはその不動産を所有しており、Y名義の所有権移転登記は不実の登記であるとして、その抹消登記手続を求める場合について検討する（設例1）。

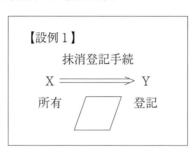

```
【設例1】
        抹消登記手続
    X ══════▶ Y
   所有          登記
```

(2)　訴訟物

　　Xとしては、物権的登記請求権又は消極的物権変動的登記請求権に基づいてYの所有権移転登記の抹消登記手続を求めることが考えられる。しかし、この場合には、消極的物権変動的登記請求権の発生原因事実には物権的登記請求権の発生原因事実が内包されていると考えられるから、Xとしては、物権的登記請求権すなわち所有権に基づく妨害排除請求権としての所有権移転登記抹消登記請求権を訴訟物とするのが通常である。

(3)　請求原因

　　そこで、所有権に基づく妨害排除請求権としての所有権移転登記抹消登記請求権が訴訟物とされた場合の請求原因について検討する。

ア　物権的登記請求権は、前記のとおり、現在の実体的な物権関係と登記とが一致しない場合に、この不一致を除去するため、物権そのものの効力として発生するものであるから、設例の場合の所有権移転登記抹消登記請求権の発生要件は、

　①　Xがその不動産を所有していること

　②　Y名義の所有権移転登記が存在すること

となり、Xがこれらの点について主張立証責任を負う。

　　なお、この場合の主張立証責任については、登記の推定力との関係

も問題となるが、後記のとおり、この点が主張立証責任に影響を及ぼすことはない（80頁）。

イ　まず、①の要件事実、請求原因の摘示については、所有権に基づく土地明渡請求訴訟の場合と同様に考えることができる（55頁）。

本設例においては、Ｙは、後記のとおり、所有権喪失の抗弁として、Ｘが過去の一定時点においてその不動産を所有していたことを前提に、Ｙによる所有権取得原因事実を主張することが考えられるが、この場合には、Ｙによる所有権取得原因事実の発生時点当時におけるＸの所有について権利自白が成立しているとみることができるから、請求原因としては、Ｘがその不動産をその時点当時所有していたことを摘示することになる。

ウ　次に、Ｘは、Ｘの所有権に対する妨害としてのＹ名義の所有権移転登記の存在を主張立証する必要がある。

登記による妨害の時的要素についても、占有による妨害の時的要素（58頁）と同様、現在（口頭弁論終結時）における登記の存在が必要であるとの見解と、過去の一定時点における登記の存在を主張すれば足りるとの見解が考えられるが、前者の見解が相当である。

また、Ｙが所有権を有することを表示する登記の存在がＸの所有権に対する妨害となるから、この妨害状態を明らかにするために登記の記載内容を登記目録を利用するなどして具体的に主張立証しなければならない。

(4)　抗弁以下の攻撃防御方法

Ｘの請求原因の主張に対し、Ｙとしては、所有権喪失の抗弁として、Ｘが過去の一定時点においてその不動産を所有していたことを前提に、Ｙによる所有権取得原因事実、例えばＸ・Ｙ間の売買などを主張することが考えられる。その場合の抗弁以下の攻撃防御の構造は、所有権に基づく不動産明渡請求訴訟の場合とほぼ同様に考えることができる（59頁）。

2　真正な登記名義の回復を原因とする抹消に代わる所有権移転登記手続請求

　(1)　設例

　　　次に、1の場合において、XがYに対し、Y名義の登記の抹消に代えてXへの所有権移転登記手続を求める場合について検討する（設例2）。

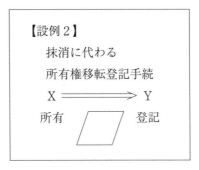

　(2)　訴訟物

　　　所有権の登記に関して不実の登記が存在する場合には抹消登記がされるのが通常であるが、その抹消登記に代えて不実登記の名義人から直接真実の所有権者に移転登記をすることができるかが問題となる。

　　　学説には、登記制度が現在の権利関係のみならず物権変動の過程と態様をも反映させることを目的とすること、これを認めることにより中間省略登記を許す結果となる場合があり、その場合に中間者の利益を害するおそれがあることなどを理由として、これを否定するものが多い（我妻＝有泉・新訂物権法144、舟橋・物権法134等）が、前記のとおり、判例はこれを肯定しており、登記実務上もこれを認める扱いがされている。

　　　このような判例及び登記実務の立場によれば、XはYに対し、Y名義の所有権移転登記の抹消に代えて真正な登記名義の回復を原因とする所有権移転登記手続を求めることができることになり、この場合も、物権的登記請求権すなわち所有権に基づく妨害排除請求権としての所有権移転登記請求権を訴訟物とするのが通常である。

　(3)　請求原因及び抗弁以下の攻撃防御の構造

　　　所有権に基づく妨害排除請求権としての所有権移転登記請求権が訴訟

物とされた場合の請求原因及び抗弁以下の攻撃防御の構造は、1の場合と同様である（伊藤＝平手・前掲34）。

3　時効取得を原因とする所有権移転登記手続請求

(1)　設例

　　次に、Y名義の不動産について、XがYに対し、時効取得を理由として、Xへの所有権移転登記手続を求める場合について検討する（設例3）。

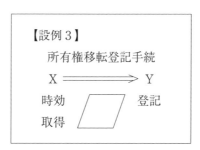

【設例3】

所有権移転登記手続

X ══════➡ Y

時効　　　　　　　登記

取得

(2)　訴訟物

　　取得時効による所有権取得に基づいて所有権移転登記手続請求をする場合、Xとしては、物権的登記請求権又は積極的物権変動的登記請求権に基づいてYからの所有権移転登記手続を求めることが考えられる。Xとしては、物権的登記請求権すなわち所有権に基づく妨害排除請求権としての所有権移転登記請求権を訴訟物とするのが通常である。

　　なお、時効による所有権取得は原始取得であるが、その登記は保存登記ではなく、移転登記によるとするのが登記実務である。また、その登記原因の日付は時効完成の日ではなく、時効の起算日であるとされている。

(3)　請求原因

　　所有権に基づく妨害排除請求権としての所有権移転登記請求権の発生要件は、1の場合と同様、

①　Xがその不動産を所有していること

②　Y名義の所有権移転登記が存在すること

である。

　　①の要件事実は、原告の所有権取得原因となる具体的事実であり、本

設例においては、Xとしては、取得時効の要件事実を主張立証する必要
がある。

ア　長期取得時効（民法162条 1 項）の要件事実は、

①　ある時点で占有していたこと

②　①の時から20年経過した時点で占有していたこと

③　援用権者が相手方に対し時効援用の意思表示をしたこと

である。

　　民法162条 1 項は、20年の取得時効の要件として、（ⅰ）所有の意思
をもって、（ⅱ）平穏かつ公然に、（ⅲ）他人の物を、（ⅳ）20年間占有
することと規定しているが、同法186条 1 項によって、（ⅰ）、（ⅱ）は
主張立証が不要になり（暫定真実）、取得時効の成立を争う側におい
て、その反対事実（他主占有、強暴、隠秘）を主張立証しなければな
らない（最判昭54.7.31集民127.317）。

　　また、取得時効の対象物は自己の所有物であってもよく、（ⅲ）は要
件とはならない（最判昭42.7.21民集21.6.1643[119]、最判昭44.12.
18民集23.12.2467[105]等）。

　　20年間の占有継続については、民法186条 2 項により、前後両時点
における占有の事実があれば、占有はその間継続したものと推定され
るから、占有開始時と20年経過時の 2 つの時点の占有を主張立証すれ
ば足りる。相手方が占有継続を争う場合は、その間の占有継続の不存
在（その期間のある時点での不占有）を主張立証することによってこ
の推定を覆す必要がある。

　　初日不算入の原則（民法140条）から、時効期間は占有開始日の翌
日から計算することになるが、時効の効果が遡るという起算日は占有
開始日である。

　　時効援用権者は時効起算点を任意に選択することが許されないとす
る判例がある（最判昭35.7.27民集14.10.1871[90]）。しかし、時効取
得を主張する側は、「開始」時の占有として、「ある時点での占有」を
主張立証すれば足りる。

イ　短期取得時効（民法162条 2 項）の要件事実は、

① ある時点で占有していたこと

② ①の時から10年経過した時点で占有していたこと

③ 占有開始時に善意であることについて無過失であること（無過失の評価根拠事実）

④ 援用権者が相手方に対し時効援用の意思表示をしたこと

である。

　民法162条2項によれば、10年の取得時効の要件として、（ⅰ）所有の意思をもって、（ⅱ）平穏かつ公然に、（ⅲ）他人の物を、（ⅳ）10年間占有すること、（ⅴ）占有開始時に善意であって、（ⅵ）（ⅴ）について無過失であることであるが、前記のとおり、（ⅲ）は要件とならず、（ⅰ）、（ⅱ）、（ⅴ）は民法186条1項の推定規定（暫定真実）により主張立証が不要である（取得時効を争う相手方にその反対事実の主張立証責任がある。）。

　しかし、（ⅵ）の占有の開始時の無過失は推定されない（最判昭46.11.11集民104.227）。ここにいう「無過失」とは、自己に所有権があると信ずるにつき過失がないことであり、換言すれば、所有権が自己に属すると信ずべき正当の理由があって（我妻・民法総則479等）、そう信ずるに値するだけの原因事実があったことが要求される。無過失の判定時期は占有の開始時であり、その後悪意に変わってもよい。

　無過失は、規範的要件であるから、その評価根拠事実を主張立証しなければならない。

ウ　時効の援用とは、時効によって利益を受ける者がその利益を享受する意思を表示することであるが、その法的性質については、不確定効果説の中の停止条件説に立つ判例の立場によれば、時効の援用は、権利の得喪を確定させる実体法上の要件となるから、実体法上の意思表示として理解すべきことになる（37頁）。時効援用の相手方は、時効によって不利益を受ける者でなければならない。

エ　他に、Xは、Xの所有権に対する妨害としてのY名義の所有権移転登記の存在を主張立証する必要がある（73頁）。

(4) 抗弁以下の攻撃防御の構造

　前記のとおり、占有者には所有の意思が推定されるから、この点について取得時効の成立を争うYは、抗弁として、Xに「所有の意思がないこと」を主張立証しなければならない。

　「所有の意思」の有無は、占有者の内心の意思によってではなく、外形的客観的に決められるべきものであり、その判定基準は、占有取得の原因（権原）の客観的性質によるとするのが判例・通説である（最判昭45.6.18集民99.375、最判昭45.10.29集民101.243、最判昭56.1.27集民132.33等。我妻＝有泉・新訂物権法471等）。

　そして、最判昭58.3.24民集37.2.131[6]によれば、「所有の意思がないこと」については、

［A］　その性質上所有の意思のないものとされる占有取得の権原（他主占有権原）

又は、

［B］　外形的客観的にみて占有者が他人の所有権を排斥して占有する意思を有していなかったものと解される占有に関する事情を示す具体的事実（他主占有事情）

のいずれかを主張立証すれば足りることになる。

　他主占有事情には、真の所有者であれば通常はとらない態度を示したこと、所有者であれば当然とるべき行動に出なかったことなどが挙げられる（前掲最判昭58.3.24、最判平7.12.15民集49.10.3088[43]）。

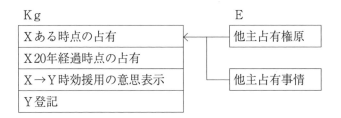

4　抵当権設定登記抹消登記手続請求

（1）　設例

　　ここでは、X所有名義の不動産につき、例えばYのXに対する債権を被担保債権とするY名義の抵当権設定登記がされている場合において、

　XがYに対し、抵当権設定登記の抹消登記手続を求める場合について検
討する（設例4）。

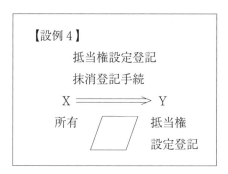

```
【設例4】
　　　　抵当権設定登記
　　　　抹消登記手続
　　X ══════⟹ Y
　　所有　　　　　　抵当権
　　　　　　　　　　設定登記
```

(2)　訴訟物

　　この場合も、Xは、物権的登記請求権に基づいてY名義の抵当権設定
登記の抹消登記手続を求めるのが通常であると考えられる。その場合の
訴訟物は、所有権に基づく妨害排除請求権としての抵当権設定登記抹消
登記請求権となる。

(3)　請求原因

　　そこで、所有権に基づく妨害排除請求権としての抵当権設定登記抹消
登記請求権が訴訟物とされた場合の請求原因について検討する。

　ア　この場合の請求権の発生要件は、

　　①　Xがその不動産を所有していること

　　②　Y名義の抵当権設定登記が存在すること

であり、Xがこれらの点について主張立証責任を負う。

　　この抵当権設定登記が正当な権原に基づいてされた場合には物権的
登記請求権は発生しないことになるが、この点については、Yが登記
保持権原の抗弁としてその登記が正当な権原に基づいてされたことを
主張立証すべきことになる（伊藤＝平手・前掲33）。

　　ところで、登記保持権原の主張立証責任については、登記の推定力
との関係が問題となる。

　　登記の推定力については、学説上は、権利の所在自体を法律上推定
する効力を認める見解もある（兼子「推定の本質及び効果」民事法研

究1・326等）が、権利の所在自体又は登記記録に登記原因として記録された権利取得原因事実を事実上推定する効力を認める見解が多く（大沢「登記の推定力」不動産法大系Ⅰ[改訂版]258等）、判例もこのような事実上の推定の効力のみを認める見解に立っている（最判昭34.1.8民集13.1.1[1]、最判昭38.10.15民集17.11.1497[93]、最判昭46.6.29判時635.110）。

　このような権利の所在自体又は権利取得原因事実を事実上推定する効力のみを認める見解に立つ限り、登記の推定力が登記保持権原についての前記のような主張立証責任に影響を及ぼすことはない。この点は、他の設例において、物権的登記請求権が主張される場合についても同様である。

イ　ア①の要件事実については、所有権に基づく土地明渡請求訴訟の場合と同様に考えることができる（55頁）。

　設例において、YがXの現在の所有を認めた上で、これを前提に登記保持権原の抗弁を主張する場合には、Xの現在の所有について権利自白が成立するとして請求原因の摘示をすることが考えられる。この考え方によれば、請求原因として、Xがその不動産を現在所有していることを摘示することになる。

　他方、Yが登記保持権原の抗弁を主張する場合には、後記のとおり、抵当権設定契約締結当時のXの所有を主張する必要があり、この主張との関係では、抵当権設定契約締結当時のXの所有について権利自白が成立するとして請求原因の摘示をすることも考えられる。この考え方によれば、請求原因として、Xがその不動産を抵当権設定契約締結当時所有していたことを摘示することになる。その場合には、Xの現在の所有についての権利自白を摘示する必要はない。

ウ　次に、ア②の要件事実については、現在（口頭弁論終結時）における登記の存在が必要である（74頁）。また、妨害状態としての登記の内容を明らかにするために、抹消を求めているY名義の抵当権設定登記についての登記原因、債務者、債権額、利息・損害金の定めなどの表示内容（不動産登記法59条、83条1項、88条）を具体的に主張する

必要がある。設例において、Yが登記保持権原の抗弁を主張する場合には、登記の内容に合致した実体関係を主張しなければならないから、このように登記の具体的表示内容を主張することが特に重要な意味を有することになる。

(4)　抗弁以下の攻撃防御方法

ア　Xの請求原因の主張に対し、Yとしては、その抵当権設定登記が正当な権原に基づくものであるとの登記保持権原の抗弁を主張することができ、この場合、その抵当権設定登記がこれに符合するYの実体的権利の取得を公示するものとして有効なものであることを主張すべきことになる。

設例の場合においては、Yは、登記保持権原の抗弁として、

①　X・Y間の被担保債権の発生原因事実

②　XがYとの間で①の債権を担保するためその不動産につき抵当権設定契約を締結したこと

③　Xが②当時、その不動産を所有していたこと

④　その登記が②の抵当権設定契約に基づくこと

を主張立証することになる。

イ　Y名義の抵当権設定登記が有効であるためには、まず、その抵当権設定登記に符合する実体関係の発生要件として、①から③までが必要となる。

①の要件に関しては、債権額、利息・損害金の定めなど、登記に表示された実体関係と一致する実体関係を主張することが必要である。

登記に表示された実体関係とYが主張する実体関係とに食い違いがある場合に、その実体的権利が登記保持権原となり得るかが問題となるが、一般には、登記された権利ないし登記原因等が実体と符合しない場合であっても、権利の同一性を害さず、真実の権利関係を公示するに足りるものと認められるときには、その登記は有効であると解される（幾代・不動産登記法［第4版］479等）。例えば、抵当権設定登記に表示された被担保債権の発生原因事実としての消費貸借契約成立の日時が実際の契約成立の日時と食い違っていても、同一の消費貸借

を表示するものである以上、登記は有効である（最判昭27.12.4民集6.11.1085）。

　次に、抵当権設定契約は直接物権の発生を目的とする物権契約であるから、②に加えて、③の要件が必要となる。③については、所有権の取得原因事実が要件事実となるが、この点について権利自白が成立する場合にはこれを主張立証する必要がない。そして、設例のような場合には、この点について権利自白が成立する場合が多いであろう。

　なお、請求原因においてXが現在その不動産を所有していることについて権利自白が成立するとして、これを摘示した場合であっても、これによって抵当権設定契約締結時に所有していたことが基礎づけられることにはならないので、③に当たる事実を摘示する必要がある。他方、請求原因において③に当たる事実について権利自白が成立するとして、これを摘示した場合、抗弁で再度摘示する必要はない。

ウ　Y名義の抵当権設定登記が有効であるためには、その登記と上記実体関係との関連性が必要であり、その抵当権設定登記が②の抵当権設定契約に基づいてされたことが必要となる。

エ　さらに、登記が有効であるための要件として、その登記が手続的に適法にされたことが必要であるかが問題となる。

　登記申請が登記義務者の意思に基づかない場合の登記の効力に関する学説としては、(1)実体的権利関係に符合する限り、登記は常に有効であり、登記義務者の申請意思の欠缺はこの有効性を左右しないとする見解（客観説、杉之原・新版不動産登記法73等）、(2)実体的権利関係に符合していても登記義務者の申請意思を欠く登記は無効であるとする見解（主観説、林＝川村「申請手続に瑕疵のある登記の効力（一）、（二）」民商法雑誌55.5.722、同55.6.883等）、(3)実体的権利関係に符合すれば登記は原則として有効であることを前提として、当事者の真正な申請意思が欠けている場合には、登記をしないことにつき正当の事由があるときに限り、当事者間では、抹消を請求することができるが、登記上利害関係を有する第三者が出現した後は、当事者間においても無効の主張は許されないとする見解（制限的客観説、舟

橋・物権法116）などがある。

　　最判昭41.11.18民集20.9.1827[92]は、偽造文書による登記申請は不適法であること、登記申請行為には表見代理に関する民法の適用がないことを前提として、偽造文書によって登記がされた場合でも、その登記の記載が実体的権利関係に符合し、かつ、登記義務者において登記を拒むことができる特段の事情がなく、登記権利者においてその登記申請が適法であると信ずるにつき正当の事由があるときは、登記義務者はその登記の無効を主張することができないと判示し、その後の判例もこれを踏襲しているとみられる（最判昭54.4.17集民126.579等）。

　　このような判例の立場によれば、登記が有効であるための要件として手続的適法性が必要であり、少なくとも設例のように登記上利害関係ある第三者の存在が問題とされない場合においては、登記の有効性を主張する者が、

［A］　その登記が登記義務者の登記申請意思に基づくこと

又は、

［B］　登記申請時に、登記義務者においてその登記を拒み得る特段の事情がなく、かつ、登記権利者においてその登記申請が適法であると信ずるにつき正当の事由があること

のいずれかを主張立証しなければならないと解される。

　　もっとも、この手続的適法性に関する上記［A］又は［B］の事実については、実体的権利関係の事実と別個独自の争点がないのが通常であり（例えば、抵当権設定契約について表見代理が主張され、登記申請行為について上記［B］が主張されているときには、その実質的争点は共通であることが多い。）、その場合には、上記［A］又は［B］は、

　　　　その登記は②の抵当権設定契約に基づく

というように摘示すれば足りる。

オ　したがって、手続的適法性の事実に実体的権利関係の事実と別個独自の争点がない通常の場合は、アの④に、ウの関連性の要件とエの［A］又は［B］の要件が含まれることになる。

カ　この登記保持権原の抗弁に対し、Xは、再抗弁として、例えば被担
　　保債権についての弁済、消滅時効などを主張立証することができる。

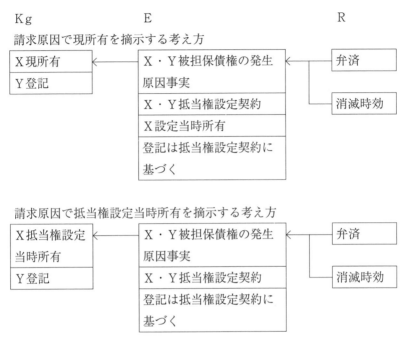

Kg　　　　　　　　　E　　　　　　　　　　　　　　　R
請求原因で現所有を摘示する考え方

| X現所有 Y登記 | ← | X・Y被担保債権の発生原因事実 X・Y抵当権設定契約 X設定当時所有 登記は抵当権設定契約に基づく | ← | 弁済 消滅時効 |

請求原因で抵当権設定当時所有を摘示する考え方

| X抵当権設定当時所有 Y登記 | ← | X・Y被担保債権の発生原因事実 X・Y抵当権設定契約 登記は抵当権設定契約に基づく | ← | 弁済 消滅時効 |

5　登記上利害関係を有する第三者に対する承諾請求
（1）設例
　　　次に、ある不動産につき、X名義からY_1名義への所有権移転登記が
　　された上で、更にY_2のY_1に対する債権を被担保債権としてY_2名義の抵
　　当権設定登記がされている場合について検討する（設例5）。

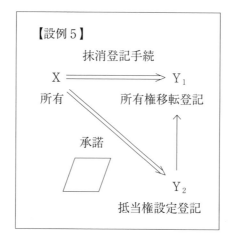

(2)　訴訟物

ア　Y₁に対する請求の訴訟物

　　Y₁に対する請求について、所有権に基づく妨害排除請求権としての所有権移転登記抹消登記請求権が訴訟物とされる場合が多いことについては、前記1の場合と同様であり、所有権に基づく妨害排除請求権としての所有権移転登記請求権を訴訟物として抹消に代わる移転登記手続を求める場合があることについても前記2の場合と同様である。

イ　Y₂に対する請求の訴訟物

　　XがY₁に対して所有権に基づく妨害排除請求権としての所有権移転登記抹消登記請求権を訴訟物として所有権移転登記の抹消登記手続を請求する場合に、この所有権移転登記を前提とするY₂名義の抵当権設定登記を抹消するためにY₂に対していかなる請求をすべきかが問題となる。

　　権利に関する登記の抹消を申請する場合、登記上利害関係を有する第三者が存在するときは、申請書に第三者の承諾書又はこれに対抗することができる裁判の謄本を添付しなければならず（不動産登記法68条）、これを添付しないでされた抹消登記申請は却下されることとされており（同法25条9号）、設例における抵当権設定登記の名義人Y₂は、この第三者の典型例とされている。そして、この裁判の謄本とは、第

三者を被告として抹消登記について承諾すべきことを命じた給付判決及びこれと同一の効力を有する和解調書、認諾調書などをいい、したがって、XとしてはY₂に対し、Y₁名義の所有権移転登記の抹消登記についての承諾を求めることが多いと考えられる。その場合の訴訟物としては、所有権に基づく妨害排除請求権としての承諾請求権を主張するのが通常である。

　ところで、第三者に抹消登記手続を命じた確定判決はこの裁判の謄本に該当しないとするのが登記実務である（上杉「権利の登記に関する訴訟」不動産登記講座Ⅰ 439）が、この登記実務によった場合には、Xは、Y₂の抵当権設定登記を抹消した後でなければY₁の所有権移転登記を抹消することができず、登記手続としては、XはY₁に代位してY₂の抵当権設定登記の抹消を申請し（不動産登記法59条7号）、次いでY₁の所有権移転登記の抹消を申請するという煩雑な方法をとらなければならないことになる（幾代＝浦野編・不動産登記法［改訂版］Ⅳ233参照）。したがって、設例の場合のY₂に対する請求については、前記のような承諾請求権を訴訟物とするのが簡明であるし、通常の方法であると思われる。

　XがY₁に対して所有権に基づく妨害排除請求権としての所有権移転登記請求権を訴訟物として抹消に代わる移転登記手続を請求する場合には、Y₂に対しては、所有権に基づく妨害排除請求権としての抵当権設定登記抹消登記請求権を訴訟物とすることになる。

(3)　請求原因

　そこで、Y₁に対する請求について所有権に基づく妨害排除請求権としての所有権移転登記抹消登記請求権が、Y₂に対する請求について所有権に基づく妨害排除請求権としての承諾請求権がそれぞれ訴訟物とされた場合の請求原因について検討する。

　まず、Y₁に対する抹消登記請求権の発生要件は、前記1の場合と同様に、

①　Xがその不動産を所有していること

②　Y₁名義の所有権移転登記が存在すること

であり、また、Y_2に対する承諾請求権の発生要件は、この①、②に加えて、

③　Y_2名義の抵当権設定登記が存在すること

④　抵当権設定登記は、Y_1がその不動産の所有名義人となっているときにされたこと

であって、Xがこれらの点について主張立証責任を負う。

　設例の場合において、Y_1、Y_2は、設例1の場合と同様に、Xが過去の一定時点においてその不動産を所有していたことを前提に、所有権喪失の抗弁として、X・Y_1間の売買などを主張することが考えられる。

　この場合には、Y_1の所有権取得原因事実の発生時点当時におけるXの所有について権利自白が成立しているとみることができるから、①については、Xがその不動産をY_1の所有権取得原因事実の発生時点当時所有していたことを摘示することになる。

(4)　抗弁以下の攻撃防御方法

ア　Xの請求原因の主張に対し、Y_1、Y_2は、Xが過去の一定時点においてその不動産を所有していたことを前提に、所有権喪失の抗弁として、例えば、XがY_1との間でその不動産について売買契約を締結したことを主張立証することができる。その場合の抗弁以下の攻撃防御の構造は、所有権に基づく不動産明渡請求訴訟とほぼ同様に考えることができる（59頁）。したがって、Y_1、Y_2の売買の抗弁に対し、Xは、再抗弁として、例えば、その売買契約が通謀虚偽表示であることを主張立証することができる。

イ　この通謀虚偽表示の主張に対し、Y_2は、売買の抗弁、通謀虚偽表示の再抗弁を前提として、自らが善意の第三者であることを主張立証することができる。

　そこで、まず、この善意の第三者の主張をどのように位置づけるべきかについて検討する。

　善意の第三者Y_2による権利取得の法的構成については、Y_1の地位が真正権利者のように扱われるのは、Y_2の有効な権利取得という結論についての一種の擬制であり、民法94条2項による権利変動の実体

的過程は、XからY₂への同条項による法定の承継取得であるとする見解（幾代「通謀虚偽表示に対する善意の第三者と登記―補論」現代私法学の課題と展望下13等）と、善意の第三者Y₂が出現することにより、X・Y₁間の仮装譲渡が有効であったものとして扱われ、第三者Y₂はこれを前提に権利を承継取得するものであるとする見解（高森「民法94条2項と177条」法時42.6）とがある。

　前者の見解（法定承継取得説）によれば、第三者Y₂は権利を仮装譲渡人Xから直接に承継取得することになり、これは、Y₂の登記保持権原を基礎づけることになるから、Y₂の善意の第三者の主張は、売買の抗弁、通謀虚偽表示の再抗弁を前提とする予備的抗弁に位置づけられる。

　これに対し、後者の見解（順次取得説）によれば、Y₂の善意の第三者の主張は、Y₁の所有権取得によるXの所有権喪失の効果を復活させるものとして、再々抗弁に位置づけられる。

　甲が乙に不動産を仮装譲渡し丙が善意で乙からこれを譲り受けた場合であっても、丙が登記を取得する前に、甲からの譲受人丁が乙を債務者としその不動産について処分禁止の仮処分登記を経ていたときは、丙はその所有権取得を丁に対抗することができないとした判例（最判昭42.10.31民集21.8.2232[91]）は、法定承継取得説を前提としているものと思われる。

　法定承継取得説によれば、Y₂は、前記売買の抗弁及び通謀虚偽表示の再抗弁を前提とする登記保持権原の抗弁（予備的抗弁）として、

① 　Y₁・Y₂間の被担保債権の発生原因事実
② 　Y₁がY₂との間で①の債権を担保するためその不動産につき抵当権設定契約を締結したこと
③ 　Y₂が②の際、X・Y₁間の売買契約が通謀虚偽表示であることを知らなかったこと
④ 　その登記が②の抵当権設定契約に基づくこと

を主張立証すべきことになる。この場合、第三者Y₂が善意についての主張立証責任を負う（最判昭35.2.2民集14.1.36[3]、最判昭

41.12.22民集20.10.2168[103])。

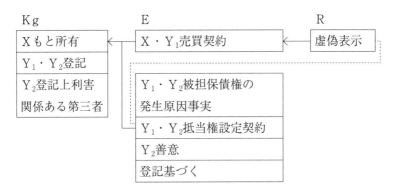

　　　順次取得説によれば、Y_2は、再々抗弁として、この①から③まで
を主張立証すべきことになる。

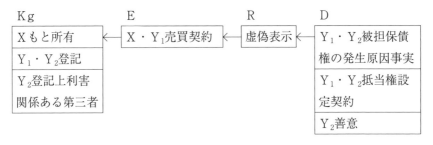

6　真正な登記名義の回復を原因とする所有権移転登記手続請求

(1)　設例

　　　さらに、AからY名義に所有権移転登記がされている場合に、XがA
から所有権を取得したとして、Yに対して所有権移転登記手続を求める
場合について検討する（設例6）。

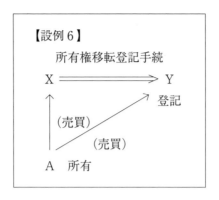

(2)　訴訟物

　　この場合に、Xとしては、本来はA・Y間の所有権移転登記を抹消した上でAから所有権移転登記を受けるべきことになるが、これに代えて、直接Yに対し真正な登記名義の回復を原因とする所有権移転登記手続を求めることができるかが問題となる。

　　この点については、一種の中間省略登記となることを理由に否定する見解もあるが、2で検討したとおり、真正な登記名義の回復を原因とする所有権移転登記手続請求を認めるのが判例及び登記実務の扱いとなっている。

　　したがって、設例の場合、Xとしては、通常は物権的登記請求権に基づいてYに対し所有権移転登記手続請求をするものと思われ、その場合の訴訟物は、所有権に基づく妨害排除請求権としての所有権移転登記請求権となる。

(3)　請求原因

　　そこで、所有権に基づく妨害排除請求権としての所有権移転登記請求権が訴訟物とされた場合の請求原因について検討する。

　　この場合の請求権の発生要件は、

①　Xがその不動産を所有していること

②　Y名義の所有権移転登記が存在すること

であり、Xがこれらの点について主張立証責任を負う。

　　この①の要件事実については、所有権に基づく不動産明渡請求訴訟の

場合と同様に考えることができる（55頁）。

　設例においては、後記のとおり、XがAからの承継取得を主張し、これに対してYが過去の一定時点当時でのAの所有を認めた上で、YのAからの所有権取得原因事実を主張し、Yの対抗要件具備による所有権喪失の抗弁又は対抗要件の抗弁を主張することが考えられるが、その場合には、XのAからの所有権取得原因事実の発生時点あるいはYのAからの所有権取得原因事実の発生時点のいずれか早い時点当時におけるAの所有について権利自白が成立しているとみることができるから、請求原因としては、Aがその不動産をその時点当時所有していたこと及びXのAからの所有権取得原因事実を摘示することになる。

(4)　抗弁以下の攻撃防御方法

　この場合の抗弁以下の攻撃防御の構造は、所有権に基づく不動産明渡請求訴訟の場合とほぼ同様に考えることができる（59頁）。

　Xが、請求原因で、例えば、Aがその不動産をもと所有していたこと及びAがXとの間で売買契約を締結したことを主張した場合には、Yとしては、A・X間の売買契約締結時点当時でのAの所有を認めた上で、対抗要件の抗弁として、例えば、その後にAがYとの間で売買契約を締結したことを主張立証し、かつ、Xが対抗要件を具備するまではXの所有権取得を認めないとの権利主張をすることと、所有権喪失の抗弁として、A・Y間の売買契約の締結に加えて、この売買契約に基づく登記具備を主張立証することとが考えられる。Yが売買契約に基づく登記具備を明確に主張し、Xも実質的にこれを争っていないとみられるような場合には、Yとしては、対抗要件具備による所有権喪失の抗弁のみを主張しているものと理解すべきである（65頁）。

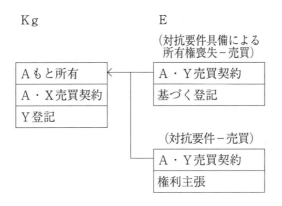

7　売買契約に基づく所有権移転登記手続請求

(1)　設例

　　最後に、ある不動産につきY所有名義の登記がある場合に、Xがその不動産をYから買い受けたと主張して、Yに対し所有権移転登記手続を求める場合について検討する（設例7）。

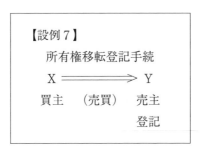

(2)　訴訟物

　　この場合に、売買契約に基づく債権的登記請求権が認められることについては異論はないと思われる。また、Yに所有権があった場合には、物権的登記請求権、物権変動的登記請求権も認められることになる。しかし、この場合には、物権的登記請求権、物権変動的登記請求権の発生原因事実は、債権的登記請求権の発生原因事実を包含していると考えられる（伊藤＝平手・前掲35）から、債権的登記請求権すなわち売買契約に基づく所有権移転登記請求権が訴訟物として主張される場合が多いであろう。

(3)　請求原因

　　そこで、売買契約に基づく所有権移転登記請求権が訴訟物とされた場合の請求原因について検討する。

　　債権的登記請求権が訴訟物とされた場合の請求原因は、登記に関する当事者間の債権債務関係の発生を基礎づける事実であり、設例のようにＸがＹから不動産を買い受ける契約を締結した場合には、売買契約の効果として売主は買主に対して登記を備えさせる義務を負う（民法560条、177条）から、売買契約に基づく所有権移転登記手続請求の請求原因は、

　　　　ＸとＹとが売買契約を締結したこと

となる。

　　この場合、売買契約締結時にＹが目的物を所有していたことやＹ名義の登記が存在することは請求原因とならない。

(4)　抗弁以下の攻撃防御方法

　　Ｘが請求原因として、Ｘ・Ｙ間の売買契約を主張した場合、Ｙは、抗弁として、例えば、その売買契約の通謀虚偽表示、催告による解除などを主張立証することができる。

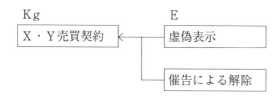

不動産登記手続請求訴訟における典型的攻撃防御の構造

Kg　　　　　　　　　　E

所有権移転登記抹消登記手続請求

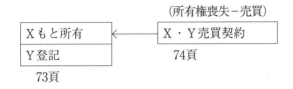

真正な登記名義の回復を原因とする抹消に代わる所有権移転登記手続請求

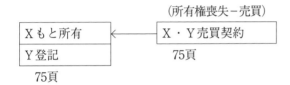

時効取得を原因とする所有権移転登記手続請求

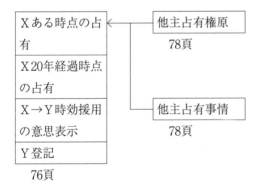

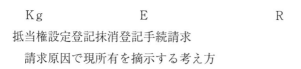

抵当権設定登記抹消登記手続請求

請求原因で現所有を摘示する考え方

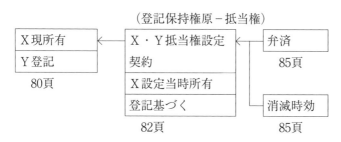

請求原因で抵当権設定当時所有を摘示する考え方

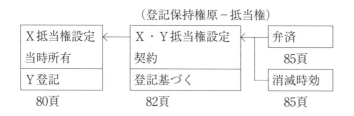

Kg　　　　　E　　　　　　R　　　　　　D

登記上利害関係を有する第三者に対する承諾請求

法定承継取得説

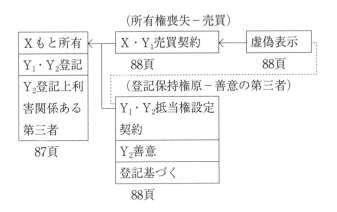

順次取得説

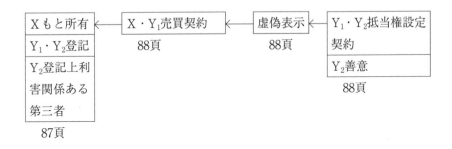

Kg　　　　　　　　　　E

真正な登記名義の回復を原因とする所有権移転登記手続請求

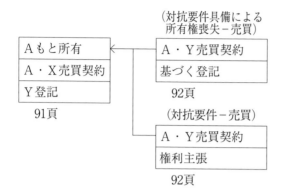

売買契約に基づく所有権移転登記手続請求

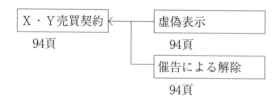

第5章 賃貸借契約の終了に基づく不動産明渡請求訴訟

第1 はじめに

　　所有権に基づく不動産明渡請求訴訟の類型（第3章）と並ぶ不動産明渡請求訴訟の典型的な類型として、賃貸借契約の終了に基づく不動産明渡請求訴訟を挙げることができる。

　　賃貸借契約の終了に基づく不動産明渡請求訴訟においては、目的物が土地である場合と建物である場合とで攻撃防御の構造も異なったものとなるが、ここでは、XがYとの間で締結した土地賃貸借契約が終了したと主張してYに対し建物収去土地明渡しを求める場合を例として、その訴訟物及び典型的攻撃防御の構造を概観する。

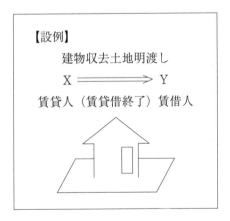

　　なお、建物の所有を目的とする土地の賃貸借については借地借家法の適用があるが、同法の施行前に生じた借地借家関係については、おおむね従前どおりに扱うこととしているから（借地借家法附則4条等参照）、以下では、借地借家法のほか、借地法の規定についても必要に応じて説明を加えることとする。

第2 訴訟物

1 主たる請求の訴訟物

第5章　不動産明渡し（賃貸借終了）

(1)　終了原因との関係

　　賃貸借契約の終了に基づく不動産明渡請求訴訟一般における主たる請求の訴訟物については、賃貸借契約の終了原因ごとに訴訟物を考えて、債務不履行による解除、合意解約・期間満了等の契約の終了、建物についての正当事由ある場合の解約の申入れのように類別された終了原因ごとに訴訟物が異なるとする見解（多元説、岩松＝兼子編・法律実務講座民事訴訟編第2巻104等）がある。

　　しかし、賃貸借契約の終了に基づく明渡請求権は、賃貸借契約の効果として発生する賃借物返還義務（民法601条）に基礎をおくものであり、解除、解約の申入れ等の終了原因自体の効果として発生するものではない。したがって、1個の賃貸借契約に基づく明渡請求である限り、終了原因のいかんにかかわらず、訴訟物は常に1個であり、個々の終了原因は原告の攻撃方法にすぎないと解される（一元説、山木戸「訴訟上の請求について」民事訴訟理論の基礎的研究130等）。

　　この見解によれば、賃貸借契約の終了に基づく不動産明渡請求訴訟の主たる請求の訴訟物は、賃貸借契約の終了に基づく目的物返還請求権としての不動産明渡請求権となる。

　　なお、賃貸借契約が更新された場合であっても、更新前の賃貸借契約と更新後の賃貸借契約は、原則として同一性を失わないと解される（我妻・債権各論中一439等）から、更新前の賃貸借契約の終了に基づく明渡請求権と更新後の賃貸借契約の終了に基づく明渡請求権とで訴訟物が異なることはない。

　　また、不動産の賃貸人がその不動産の所有者でもあり、所有権に基づく返還請求権としての明渡請求権と賃貸借契約の終了に基づく目的物返還請求権としての明渡請求権のいずれを訴訟物とすることも可能な場合があるが、このような場合には、訴状の記載や釈明権の行使によって明確にされた当事者の意思に従うべきことになる。

(2)　収去義務との関係

　　土地賃貸人が土地上に建物を所有する土地賃借人に対し、賃貸借契約の終了に基づいて建物収去土地明渡しを請求する場合の訴訟物について

は、賃借人が土地返還義務（民法601条）とは別個の賃貸借契約上の義務
として引渡しから契約終了までの間に目的物に附属された物の収去義務を
負う（同法622条、599条1項本文）とし、賃貸借契約の終了に基づく建物
収去請求権及び土地明渡請求権が訴訟物になるとする見解も考えられる。

　しかし、賃借人は、賃貸借契約に基づく義務として、賃貸借契約の終
了により目的物を原状に修復した上賃貸人に返還するという1個の義務
としての目的物返還義務を負い、附属物の収去義務はこの義務に包摂
されるとみるべきである（我妻・前掲466等）から、この場合の訴訟物
は、賃貸借契約の終了に基づく目的物返還請求権としての建物収去土地
明渡請求権1個であると解される。

2　附帯請求の訴訟物

　賃貸借契約の終了に基づく不動産明渡請求訴訟においては、主たる請求
に加え、附帯請求として、賃貸借契約の終了後明渡しまでの間の賃料相当
額の金員の支払を請求するのが通常である。この場合の訴訟物としては、
不法行為に基づく損害賠償請求権、不当利得に基づく利得返還請求権も考
えられるが、目的物返還債務の履行遅滞に基づく損害賠償請求権が選択さ
れることが多い。

第3　典型的攻撃防御の構造

1　賃貸借契約の終了に基づく建物収去土地明渡請求訴訟における請求原因

　XがYに対し、Yとの間で締結した土地賃貸借契約が終了したと主張し
て、建物収去土地明渡しを求める場合の主たる請求の請求原因事実は、

①　XがYとの間で、土地賃貸借契約を締結したこと

②　XがYに対し、①の契約に基づいて土地を引き渡したこと

③　①の契約の終了原因事実

④　②の引渡し後、③の契約終了までの間に、土地上に建物が附属させら
れ、③の契約終了時にその建物が土地に附属していたこと

である。

　民法601条は、賃貸借は、当事者の一方がある物の使用及び収益を相手
方にさせることを約し、相手方がこれに対してその賃料を支払うこと及
び引渡しを受けた物を契約が終了したときに返還することを約することに

よって成立すると定めており、その明文上、賃貸借契約が成立するために
は、目的物が確定していることのほか、賃料額が確定していることが必要
であることは明らかであり、①についてはこれらが確定していることが必
要となる。

　また、賃貸借契約の目的物の返還を請求するには、賃貸人が賃借人に対
し契約に基づいてその目的物を引き渡したことが前提となると考えられる
から、②が必要となる。

　そして、賃貸借契約は、貸借型の契約であり、一定の価値をある期間借
主に使用させることに特色があることから、賃貸借契約が成立しただけで
はなく、契約関係が終了してはじめて目的物の返還を請求できると考えら
れる（民法601条参照）。したがって、賃貸借契約終了に基づき目的物を返
還するためには、①と②に加えて、③も必要となる。

　他方、貸借型の契約にあっては、返還時期の合意は、単なる法律行為の
付款ではなく、その契約に不可欠の要素であると解する見解（いわゆる
貸借型理論）がある（28頁）。この見解によれば、賃貸借契約が成立する
ためには、民法601条が定める合意に加えて、目的物の返還時期（賃貸期
間）の合意が必要であるから、①については、目的物及び賃料額のほか、
目的物の返還時期（賃貸期間）が確定していることも必要となる。

　さらに、賃借人が附属物の収去義務を負うのは、目的物を受け取った後
にこれに附属させた物がある場合において賃貸借が終了したときであるか
ら（民法622条、599条１項本文）、Ｘは、④を主張立証する必要がある。

　なお、前記のとおり、建物収去義務は賃貸借契約の終了に基づき発生す
るものであるから、Ｘは、Ｙが建物を所有していることを主張立証する必
要はない（最判昭53.2.14集民123.43）。

　次に、附帯請求として履行遅滞に基づく損害賠償請求権が訴訟物とされ
た場合には、Ｘは、請求原因として、①から③までに加え、

④　損害の発生及び数額

を主張立証する必要がある。これについては賃貸借契約終了後の相当賃料
額を主張立証するのが通常である。

　ところで、③の賃貸借契約の終了原因の典型例としては、期間満了、解

約の申入れ、解除等が考えられ、これらの終了原因ごとに攻撃防御の構造も異なったものとなる。そこで、以下では、このような賃貸借契約の典型的な終了原因ごとに、賃貸借契約の終了に基づく建物収去土地明渡請求訴訟における攻撃防御の構造を検討する。

Kg

Ｘ・Ｙ土地賃貸借契約
Ｘ→Ｙ基づく引渡し
契約の終了原因事実
引渡し後の建物附属及び終了時の建物存在

2　終了原因として期間満了が主張された場合の攻撃防御の構造

(1)　期間満了

ア　土地賃貸借契約の存続期間は、民法上、最長50年に制限されている（民法604条1項。なお、改正法の施行前に締結された賃貸借契約については20年である。改正附則34条1項、改正前の民法604条1項）。したがって、Ｘは、存続期間の定めのある土地賃貸借契約を主張する場合には、その終了原因事実として、

① 賃貸借契約において存続期間を定めたこと

②［Ａ］ 賃貸借契約において定められた存続期間の経過（契約上の存続期間が50年以下であるとき）

又は

［Ｂ］ 50年の経過（契約上の存続期間が50年を超えるとき）

を主張することができる。

イ(ア) 土地賃貸借契約が建物の所有を目的とする場合には、存続期間について借地借家法又は借地法（以下「借地借家法等」という。）の規定により次のような効力が認められる（借地借家法2条、3条、借地借家法附則4条、借地法1条、2条）。

まず、借地借家法の適用を受ける土地賃貸借契約については、約定による存続期間の最短期間及び法定の存続期間がいずれも30年

とされ、30年より長い存続期間を定めた場合には約定どおりの期間に、それ以外の場合には30年になる（借地借家法3条）。

　次に、借地法の規定による効力が認められる土地賃貸借契約については、その契約が期間の定めのないものである場合には、存続期間は、堅固建物の所有を目的とするときは60年、堅固建物以外の建物（普通建物）の所有を目的とするときは30年となる（借地法2条1項）。また、その契約が期間の定めのあるものである場合には、約定による存続期間の最短期間が堅固建物については30年、普通建物については20年とされており（同条2項）、当事者が堅固建物について30年以上、普通建物について20年以上の期間を定めた場合には、約定どおりの存続期間になるが、当事者が最短期間より短い期間を定めた場合には、期間を定めなかったものとみなされて（同法11条）、期間の定めのない場合と同様の存続期間になると解される（最判昭44.11.26民集23.11.2221[52]）。

　そこで、Xとしては、賃貸借契約の終了原因として、このような借地借家法等による存続期間の満了を主張することが考えられる。

㈠　このような場合としては、まず、Xが請求原因として民法上の存続期間の満了を主張し、これに対してYが後記のとおり建物所有目的の抗弁を主張したのに対して、Xがこれを否認しつつ、更に別個の終了原因として、

　　　　借地借家法等による存続期間の経過

を主張する場合が考えられる。

　これは、当初の民法上の存続期間満了の請求原因と選択的な請求原因に位置づけられる。

㈡　これに対し、Xが、建物所有目的を自認した上で、借地借家法等による存続期間の満了を主張する場合も考えられる。この場合には、Xとしては、民法上の存続期間の満了を主張する意思はなく、借地借家法等による存続期間の満了のみを主張する意思であるとみることができるので、後者の主張のみを摘示することになる。

　したがって、この場合には、賃貸借契約の終了原因として、

①[A]　XがYとの間で、賃貸借契約につき建物の所有を目的とす

る合意をしたこと（借地借家法による存続期間又は借地法に
よる普通建物についての存続期間を主張するとき）

又は

［B］　XがYとの間で、賃貸借契約につき堅固な建物の所有を目
的とする合意をしたこと（借地法による堅固建物についての
存続期間を主張するとき）

②　借地借家法等による存続期間の経過

を摘示すべきことになる。

(2)　建物所有目的の抗弁とこれに関連する攻撃防御方法

ア　建物所有目的

前記のとおり、建物の所有を目的とする土地賃貸借契約について
は、借地借家法等の規定により、民法上の存続期間とは異なる存続期
間が認められる場合がある。

したがって、請求原因において賃貸借契約の終了原因として民法上
の存続期間の満了が主張され、その存続期間が借地借家法等による存
続期間より短い場合には、Yは、借地借家法等による存続期間が満了
していないとして、主張する存続期間に応じ、抗弁として、

［A］　XがYとの間で、賃貸借契約につき建物の所有を目的とする合
意をしたこと（借地借家法による存続期間又は借地法による普通
建物についての存続期間を主張するとき）

又は

［B］　XがYとの間で、賃貸借契約につき堅固な建物の所有を目的と
する合意をしたこと（借地法による堅固建物についての存続期間
を主張するとき）

を主張立証することができる。

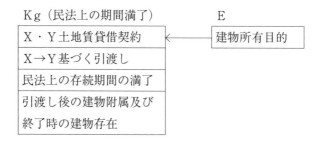

　借地借家法1条、借地法1条の建物の意義は、社会通念及び立法趣旨に照らして決せられ、土地の定着物（民法86条1項）のうち、住居・営業・物の貯蔵等の用に供される独立性及び永続性のある建造物を広く含むが、工作物（同法265条）よりは範囲が狭く、土地の定着物たる建造物であっても、通常建物ということのできない橋・広告塔・電柱・記念碑・ガソリンスタンドなどは含まれないと解される（奥村・最判解説昭42［112］647等）。

　また、建物の所有を目的とするとは、土地の賃貸借の主たる目的がその土地上に建物を所有することにあることをいい、その主たる目的が建物の所有以外の事業を行うことにある場合には、賃借人が賃貸人からその事業のために必要な附属の事務所・倉庫等の建物を建築し、所有することについての承諾を得ていたとしても、建物の所有を目的とするとはいえない（奥村・前掲647等）。

　判例には、資材置場に使用する目的で賃借した借地、ゴルフ練習場として使用する目的で賃借した借地、バッティング練習場として使用する目的で賃借した借地について建物所有目的を否定したものがあり（最判昭38.9.26集民67.669、最判昭42.12.5民集21.10.2545［112］、最判昭49.10.25集民113.83）、他方、自動車学校の校舎・事務室の敷地に使用する目的で賃借した借地についてこれを肯定したものがある（最判昭58.9.9集民139.481）。

イ　一時使用

　土地賃貸借契約について、建物の所有が目的とされた場合であっても、その賃貸借契約が一時使用のために締結された場合には、前記の

ような存続期間に関する借地借家法等による効力は認められない（借
地借家法25条、借地法 9 条）。

　ここにいう一時使用の意義については、賃貸借契約を短期間に限って存続させるとの合意があれば一時使用と認めてよいとする見解（主観説）、賃貸借契約に借地借家法等の関係規定の適用を必要としない客観的合理的事情があるときに限り一時使用と認めてよいとする見解（客観説）、賃貸借契約を短期間に限って存続させるとの合意に加えて、客観説の見解のいう客観的合理的事情のあることが必要であるとする見解（折衷説）がある。

　賃借人の保護を図るという借地借家法等の趣旨を考慮すれば、折衷説が相当である。

　判例は、一時使用の賃貸借に該当するというためには、その対象とされた土地の利用目的、地上建物の種類、設備、構造、賃貸期間等諸般の事情を考慮し、賃貸借当事者間に、短期間に限り賃貸借を存続させる合意が成立したと認められる客観的合理的理由が存することを要するとする（最判昭43.3.28民集22.3.692[19]、最判昭45.7.21民集24.7.1091[20]）。その趣旨については、折衷説に立つものとみる考え方と、このような客観的合理的理由は短期間に限り賃貸借を存続させる合意の成立を推認させる間接事実であるとしたものと理解して、主観説に立つものとみる考え方とがある。

　折衷説によれば、建物所有目的の抗弁に対し、Ｘは、再抗弁として、
①　ＸがＹとの間で、賃貸借契約を短期間に限って存続させるとの合意をしたこと
②　賃貸借契約が借地借家法等にいう一時使用のためのものであるとの評価を根拠づける事実
を主張立証すべきことになる。

　折衷説によれば、一時使用は一種の規範的要件であると考えられるから、Ｘは、その評価根拠事実を主張立証しなければならない。②の評価根拠事実としては、例えば、借地権が天変地異・火災等の後に応急的に仮設建物を建てる目的で設定されたことなどの地上建物に

関する事情（最判昭32.7.30民集11.7.1386[76]）、土地が区画整理・買収の対象となることが確定しており、賃貸期間を区画整理・買収時までとしたことなどの賃貸土地に関する事情（最判昭32.2.7民集11.2.240[15]）、地主側に短期間後に土地を利用する具体的計画の実現の見通しがあり、その計画について借地人も了解していることなどの契約成立に関する事情（最判昭37.2.6民集16.2.233[15]）などを挙げることができる（星野・借地・借家法26等）。

　ウ　一時使用の評価障害事実

　　　折衷説によれば、Yは、一時使用目的の再抗弁に対し、再々抗弁として、
　　　　賃貸借契約が借地借家法等にいう一時使用のためのものである
　　　との評価を障害する事実
　　を主張立証することができる。

　　　この評価障害事実としては、例えば、期間満了後に賃貸借契約の更新又は更新の協議をすることができるとの約定があること、多額の権利金が授受されたことなどを挙げることができる。

　　　なお、合意による更新や賃料の増額という契約締結後の事情は、評価障害事実とはならない。

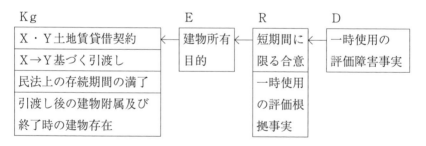

(3)　黙示の更新の抗弁とこれに関連する攻撃防御方法

　ア　黙示の更新

　　　民法619条1項は、賃貸借契約の更新の推定（黙示の更新）を規定する。この推定の性質については、これを解釈規定とみる見解もあるが、法律上の事実推定と解すべきである（広瀬「賃貸借の黙示の更新について」借地借家法の諸問題220、山本・民法講義Ⅳ-1 448参照）。

　　この見解によれば、同項の規定は、期間満了後における賃借人の賃借物の使用収益の継続と賃貸人がその事実を知って異議を述べなかったことという前提事実によって、賃貸借契約の更新の合意を推定するものであると解される（大判明42.2.15民録15.102、大判大6.10.22民録23.1674）。

　　したがって、請求原因において賃貸借契約の終了原因として賃貸借契約の存続期間の満了が主張された場合には、Yは、黙示の更新の抗弁として、

①　Yが期間満了以後土地の使用を継続したこと

②　Xが①の事実を知ったこと

③　②から起算して相当期間が経過したこと

④　Xが③の期間内に異議を述べなかったこと

を主張立証することができる。

　イ　更新合意の不成立

　　前記のような黙示の更新の規定の構造からすれば、黙示の更新の抗弁に対し、Xは、再抗弁として、

　　　　更新の合意が成立しなかったこと

を主張立証することができる。

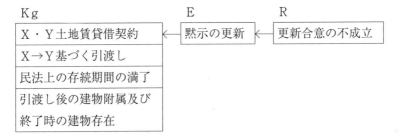

```
Kg                          E              R
┌─────────────────┐    ┌──────────┐    ┌──────────────┐
│ X・Y土地賃貸借契約 │←──│ 黙示の更新 │←──│ 更新合意の不成立 │
├─────────────────┤    └──────────┘    └──────────────┘
│ X→Y基づく引渡し    │
├─────────────────┤
│ 民法上の存続期間の満了│
├─────────────────┤
│ 引渡し後の建物附属及び │
│ 終了時の建物存在    │
└─────────────────┘
```

(4)　土地使用継続による法定更新の抗弁とこれに関連する攻撃防御方法

　ア　土地使用継続による法定更新

　　建物の所有を目的とする土地賃貸借契約において借地借家法等による存続期間が満了した場合については、賃借人の土地使用継続による法定更新が認められている（借地借家法5条2項、借地法6条1項）。

　　㋐　借地借家法の規定が適用される場合には、賃借人が土地の使用を
　　　継続し、建物がある場合に限り、賃貸借契約を更新したものとみな
　　　される（借地借家法5条2項）。

　　　　したがって、請求原因において賃貸借契約の終了原因として借地
　　　借家法による存続期間の満了が主張された場合には、Yは、土地使
　　　用継続による法定更新の抗弁として、存続期間満了後の土地使用の
　　　継続及び建物の存在を主張立証することができる。

　　㋑　借地借家法施行後に存続期間が満了した場合であっても同法施行
　　　前に設定された借地権に係る契約の更新については、借地法の規定
　　　が適用される（借地借家法附則6条）。

　　　　この場合、請求原因において借地法による存続期間の満了が主張
　　　されたときには、Yは、土地使用継続による法定更新の抗弁とし
　　　て、存続期間満了後の土地使用の継続を主張立証することができる
　　　（借地法6条、4条1項ただし書）。

　イ　遅滞なき異議

　　㋐　賃借人による土地使用の継続に対し、賃貸人が、遅滞なく異議を
　　　述べた場合には、賃貸借契約の更新は擬制されない（借地借家法5
　　　条2項、1項ただし書）が、賃貸人は、正当の事由がある場合でな
　　　ければ異議を述べることができない（同法6条）。

　　　　したがって、借地借家法の規定に基づく土地使用継続による法定
　　　更新の抗弁に対し、Xは、再抗弁として、

　　①　XがYの土地使用の継続に対し、遅滞なく異議を述べたこと
　　②　更新を拒絶するにつき正当の事由があることの評価根拠事実

　　　を主張立証することができる。

　　　　更新を拒絶するにつき正当の事由があることという要件は、規範
　　　的要件であるから、Xが再抗弁としてその評価根拠事実を主張立証
　　　すべきであり、これに対し、Yが再々抗弁としてその評価障害事実
　　　を主張立証すべきである。

　　　　正当の事由については、借地権設定者及び借地権者が土地の使用
　　　を必要とする事情のほか、借地に関する従前の経過及び土地の利用

状況並びに借地権設定者が土地の明渡しの条件として又は土地の明渡しと引換えに借地権者に対して財産上の給付をする旨の申出をした場合におけるその申出を考慮して判断する（同法6条）。

　　その判断においては、当事者双方の土地使用の必要性が基本的な判断要素であり、借地に関する従前の経過及び土地の利用状況、立退料その他の財産上の給付の提供・支払は、補完的要素であって、土地使用の必要性の有無のみでは判断し難い場合に初めてこれを考慮できるものと解される。

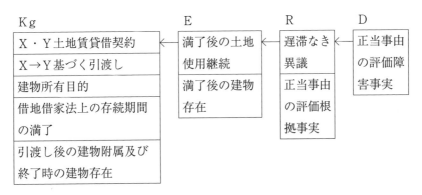

　　(イ)　借地法の規定に基づく土地使用継続による法定更新の抗弁に対し、Xは、再抗弁として、遅滞なく異議を述べたことを主張立証することができる（借地法6条）。すなわち、Xは、このような法定更新の抗弁に対し、再抗弁として、

　　①　XがYの土地使用の継続に対し、遅滞なく異議を述べたことを主張立証することができ、Yの使用継続の態様として使用継続をしている間土地上に建物が存続していたことが現れたときは、これに加えて、

　　②　更新を拒絶するにつき正当の事由があることの評価根拠事実を主張立証すべきことになる。

3　終了原因として解約の申入れが主張された場合の攻撃防御の構造

(1)　解約の申入れ

　　賃貸借契約において存続期間の定めがない場合には、Xは賃貸借契約

の終了原因事実として、

①　ＸがＹに対し、賃貸借契約の解約申入れの意思表示をしたこと

②　①の後、１年が経過したこと

を主張立証することができる（民法617条１項）。

　なお、期間の定めのある賃貸借契約について黙示の更新がされた場合には、更新後の賃貸借契約について民法617条の規定による解約の申入れができることになる（民法619条１項後段）。したがって、Ｘが請求原因において賃貸借契約の終了原因として民法上の存続期間の満了を主張し、Ｙが抗弁として黙示の更新を主張した場合には、Ｘは、さらに、賃貸借契約の別個の終了原因として、同様に解約の申入れを主張立証することができ、この主張は、当初の請求原因とは別個の請求原因として位置づけられる。

(2)　建物所有目的

　前記のとおり、建物の所有を目的とする土地賃貸借契約については、借地借家法等の規定により、民法上の存続期間とは異なる存続期間が認められる場合があり、存続期間の定めがない土地賃貸借契約はこれに当たる。

　したがって、請求原因において賃貸借契約の終了原因として解約の申入れが主張された場合には、Ｙは、抗弁として、

　　　ＸがＹとの間で、賃貸借契約につき建物の所有を目的とする合意
　　　をしたこと

を主張立証することができる。

　この抗弁に対し、Ｘは、再抗弁として、賃貸借契約が一時使用のため締結されたことを主張立証することができる。

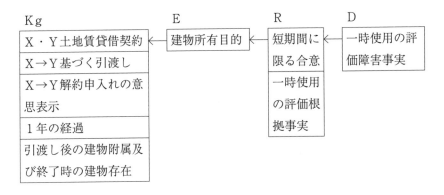

4　終了原因として解除が主張された場合の攻撃防御の構造

(1)　賃料不払による解除とこれに関連する攻撃防御方法

ア　賃料不払による解除

　　不動産の賃貸人は、賃借人の一定期間分の賃料支払債務の履行遅滞
を理由として催告による解除（民法541条）により賃貸借契約を終了
させることができる。

　　したがって、Xは、賃貸借契約の終了原因として、

①　その一定期間が経過したこと

②　民法614条所定の支払時期が経過したこと

③　XがYに対し、その一定期間分の賃料の支払を催告したこと

④　催告後相当期間が経過したこと

⑤　XがYに対し、④の経過後賃貸借契約を解除するとの意思表示を
　　したこと

を主張立証することができる。

　　賃料の支払時期についての民法614条の定めは任意規定であり、実
際には、毎月末日に翌月分を支払うとの賃料前払特約が締結されるこ
とも多い。その場合には、Xは、①及び②に代えて、XがYとの間で
賃料前払特約を締結したこと及びこの特約による支払時期が経過した
ことを主張立証することもできる。もっとも、同条による支払時期も
既に経過している場合には、このような特約の存在等を主張しても実
益がないことになる。

　ところで、不動産の賃貸借契約においては、いわゆる無催告解除特約が締結されることが多い。例えば、賃借人が賃料の支払を一回怠ったときは賃貸人は催告を要しないで賃貸借契約を解除することができるとの特約が締結された場合には、賃料不払があったと主張する一定期間の経過及びこれに対応する賃料支払時期の経過に加え、契約を解除するに当たり催告をしなくても不合理とは認められない事情すなわち賃借人の背信性があれば、賃貸人による無催告解除が認められると解される（最判昭43.11.21民集22.12.2741[128]）。

　したがって、Xが賃貸借契約の終了原因として賃借人の一定期間分の賃料支払債務の履行遅滞を理由とする無催告解除特約に基づく解除を主張する場合には、Xは、

①　その一定期間が経過したこと

②　民法614条所定の支払時期が経過したこと

③　XがYとの間で、賃料支払時期が経過したときは賃貸人は催告を要しないで賃貸借契約を解除することができるとの特約を締結したこと

④　Yの背信性の評価根拠事実

⑤　XがYに対し、②の支払時期の経過後、賃貸借契約を解除するとの意思表示をしたこと

を主張立証することができる。④の評価根拠事実としては、例えば、Yがそれ以前に相当の回数にわたって賃料を支払っていなかったことなどを挙げることができる。

イ　弁済の提供

　請求原因において、賃貸借契約の終了原因として、賃料支払債務の履行遅滞を理由とする催告による解除が主張された場合には、Yは、抗弁として、

　　　YがXに対し、催告後、解除の意思表示前に賃料の弁済の提供をしたこと

を主張立証することができる。

　また、無催告解除特約に基づく解除の場合には、Yは、抗弁として、

　　　YがXに対し、解除の意思表示前に賃料の弁済の提供をしたこと
　　を主張立証することができる。
(2)　増改築禁止特約違反による解除とこれに関連する攻撃防御方法
　ア　増改築禁止特約違反による解除
　　㋐　土地の賃貸借契約の締結に際し、賃借人が土地上に建築される建
　　　物を無断で増改築した場合には、賃借人が催告なしに賃貸借契約を
　　　解除できるとの特約を締結することがある。
　　　　まず、増改築禁止特約及びこれに基づく解除の有効性については、
　　　地上建物の増改築による借地権の存続期間の伸長や建物買取請求権行
　　　使による賃貸人の負担の増大を防止する効果があることなどを理由と
　　　してこれを有効とする見解や、このような特約を認めると借地借家法
　　　等によって認められた賃借人の土地利用権を制約し、また、建物の存
　　　続を図りその存続する限り借地権を継続させようとする借地借家法等
　　　の趣旨に反することなどを理由として、特約を無効とする見解がある。
　　　　しかし、増改築禁止特約自体は、合意による使用収益権の制限で
　　　あって借地借家法9条、借地法11条の契約条件に該当しないから
　　　有効であるが、これにより土地の通常の利用が不当に拘束され、
　　　又は妨げられるなど一定の条件の下においては、特約に基づく解
　　　除権の行使が許されないと解すべきである（最判昭41.4.21民集
　　　20.4.720[30]、伊東「賃貸借契約の解除」現代契約法大系3.122等）。
　　㋑　増改築禁止特約に基づく債務は不作為債務であるから、Yの義務違
　　　反行為については、その義務違反を主張するXが主張立証責任を負う。
　　　　また、増改築が無断でされたことについてXは主張立証責任を負
　　　わず、Xが承諾したことについてYが主張立証責任を負う。
　　　　無催告解除特約に基づいて解除権を行使する場合における信頼関
　　　係を破壊すると認められる事情の主張立証の要否については、賃貸
　　　人が増改築禁止特約違反についての無催告解除特約に基づく解除を
　　　主張する場合には、賃貸人が信頼関係を破壊すると認められる事情
　　　を主張立証する必要はなく、賃借人において増改築行為によっても
　　　賃貸人に対する信頼関係を破壊するおそれがあると認めるに足りな

い事情に該当する具体的事実を主張立証すべきであると解される。

　前掲最判昭41.4.21も、建物所有を目的とする土地の賃貸借において、賃借人が賃貸人の承諾なしに建物の増改築をすれば賃貸人は催告なしに契約を解除することができる旨の特約がある場合に、賃借人が無断で増改築をしたとしても、その増改築が土地の通常の利用上相当であり、賃貸人に著しい影響を及ぼさないため、賃貸人に対する信頼関係を破壊するおそれがあると認めるに足りないときは、賃貸人は、前記特約に基づき解除権を行使することは許されないものというべきであると判示し、増改築禁止特約を借地法11条の対象とならない有効なものと解した上、このような解除権行使の障害事由については賃借人側が主張立証責任を負うことを明らかにしている（奈良・最判解説昭41[30]159）。

　なお、この点については、増改築禁止特約違反についての無催告解除特約に基づく解除の場合にも、賃料不払についての無催告解除特約に基づく解除の場合と同様に、解除権を行使する賃貸人において信頼関係を破壊するおそれがあると認められる事情を主張立証しなければならないとする見解もある。

　しかし、賃料支払の遅滞は通常はそれ自体で直ちに賃貸借の継続を困難ならしめるような債務不履行には当たらず、かつ、賃借人の意思いかんにより催告に応じて履行をすることが容易であるのが通例であるから、債務の履行が物理的に困難又は不可能となった場合に比べて、催告の必要性は大きいと考えられる。また、判例通説も、無催告解除特約があり債務者において賃料債務を履行しない意思が明確である場合や履行遅滞の状態が久しきにわたる場合でも特段の事情のない限り催告を必要であるとしている（大判大11.11.25民集1.684、最判昭35.6.28民集14.8.1547[78]）のに対し、用法違反による解除の場合には無催告解除特約がなくても賃貸借契約の継続を著しく困難ならしめる不信行為があれば、無催告解除が認められるとしている（最判昭38.9.27民集17.8.1069[72]）。

　これらの点に照らせば、前記のとおり、賃借人において増改築行

為によっても賃借人に対する信頼関係を破壊するおそれがあると認めるに足りない事情を主張立証しなければならないと解すべきである。

　(ウ)　そこで、Xは、賃貸借契約の終了原因として、

　　①　XがYとの間で、Yが建物の増改築をしないこと及びその特約に違反したときはXが賃貸借契約を催告なしに解除できることを合意したこと

　　②　Yが建物の増改築をしたこと

　　③　XがYに対し、賃貸借契約を解除するとの意思表示をしたことを主張立証することができる。

　イ　信頼関係を破壊するおそれがあると認めるに足りない事情

　　請求原因において賃貸借契約の終了原因として増改築禁止特約違反による無催告解除特約に基づく解除が主張された場合には、Yは、抗弁として、

　　　増改築行為によっても賃貸人に対する信頼関係を破壊するおそれがあると認めるに足りない事情に該当する具体的事実

　を主張立証することができる。

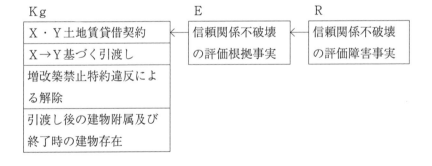

賃貸借契約終了に基づく建物収去土地明渡請求訴訟における典型的攻撃防御の構造

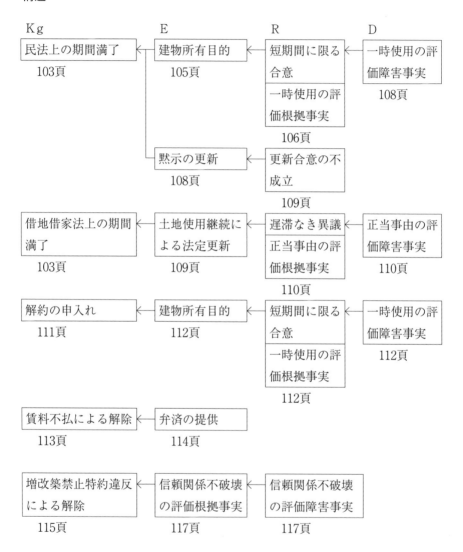

Kg　　　　　　　　　E　　　　　　　　　R　　　　　　　　　D

| 民法上の期間満了
103頁 | ← | 建物所有目的
105頁 | ← | 短期間に限る合意
一時使用の評価根拠事実
106頁 | ← | 一時使用の評価障害事実
108頁 |

| 黙示の更新
108頁 | ← | 更新合意の不成立
109頁 |

| 借地借家法上の期間満了
103頁 | ← | 土地使用継続による法定更新
109頁 | ← | 遅滞なき異議
正当事由の評価根拠事実
110頁 | ← | 正当事由の評価障害事実
110頁 |

| 解約の申入れ
111頁 | ← | 建物所有目的
112頁 | ← | 短期間に限る合意
一時使用の評価根拠事実
112頁 | ← | 一時使用の評価障害事実
112頁 |

| 賃料不払による解除
113頁 | ← | 弁済の提供
114頁 |

| 増改築禁止特約違反による解除
115頁 | ← | 信頼関係不破壊の評価根拠事実
117頁 | | 信頼関係不破壊の評価障害事実
117頁 |

第6章　動産引渡請求訴訟

第1　はじめに

　　第3章において、所有権に基づく不動産明渡請求訴訟の類型における訴
　訟物及び典型的攻撃防御の構造について検討したが、これと同様の所有権
　に基づく物件返還請求訴訟の類型として、所有権に基づく動産引渡請求訴
　訟を挙げることができる。

　　そこで、このような動産引渡請求訴訟の類型において、Xが動産を所有
　していると主張し、その動産を占有するYに対して引渡しを求める場合を
　例として、その訴訟物及び典型的攻撃防御の構造を概観する（設例）。

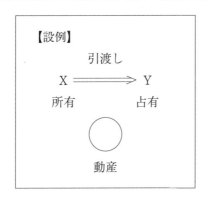

第2　訴訟物

　1　動産引渡請求

　　設例の訴訟物については、所有権に基づき不動産の明渡しを請求する場
　合と同様に考えることができる（53頁）。したがって、この場合の訴訟物
　は、所有権に基づく返還請求権としての動産引渡請求権である。

　2　損害金請求

　　所有権に基づく動産引渡請求訴訟においては、動産の引渡請求と共に、
　その動産の使用を妨げられたことを理由とする金銭の支払請求をすること
　がある。この場合の訴訟物も、所有権に基づく不動産明渡請求訴訟の場合
　と同様に、通常は、所有権侵害の不法行為に基づく損害賠償請求権である

と考えられる（54頁）。

3　執行不奏効の場合の代償請求

　　所有権に基づく動産引渡請求訴訟においては、強制執行が効を奏しない場合に備えてあらかじめ目的物の時価相当額の金銭の支払を請求することができる（最判昭30.1.21民集9.1.22[1]、民事執行法31条2項参照）。この場合の代償請求の訴訟物については、所有権侵害の不法行為に基づく損害賠償請求権と構成するのが通常である（瀬戸「いわゆる代償請求について」民事実務ノート1.241等）が、このように構成することに対して、故意、過失等の要件をめぐって議論の余地がある。

　　目的物引渡請求と代償請求の各訴訟物は、現在と将来とに時点を異にして存在し、かつ、両立する関係にあるので、両請求の併合態様は、単純併合である。

第3　請求原因

1　動産引渡請求

　　所有権に基づく返還請求権としての動産引渡請求権が訴訟物とされた場合には、Xは、その請求権の発生を根拠づけるため、

①　Xがその動産を所有していること

②　Yがその動産を占有していること

を主張立証しなければならない。

　　この場合の要件事実の考え方及び請求原因の摘示は、所有権に基づく不動産明渡請求訴訟の場合と同様である（55頁）。

　　したがって、①の要件に関しては、まず、Yが、過去の一定時点におけるXの所有を認めた上で、所有権喪失の抗弁として、X以外の者の所有権取得原因事実を主張する場合には、その所有権取得原因事実の発生時点当時におけるXの所有について権利自白が成立したものとみて、Xが動産をその時点当時所有していたことを摘示することになる（55頁の設例ア参照）。

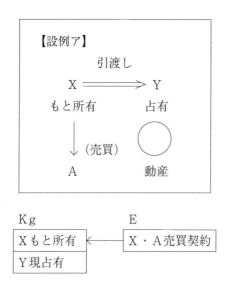

次に、Xが所有権を前主Aから承継取得したと主張したのに対し、Yが、動産をAがもと所有していたことを認めた上で、YはAから承継取得したとして、YのAからの所有権取得原因事実を主張し、対抗要件の抗弁又はYの対抗要件具備による所有権喪失の抗弁を主張する場合には、XのAからの所有権取得原因事実の発生時点あるいはYのAからの所有権取得原因事実の発生時点のいずれか早い時点の当時におけるAの所有について権利自白が成立したものとみて、Aが動産をその時点当時所有していたこと及びXのAからの所有権取得原因事実を摘示することになる（56頁の設例イ参照）。

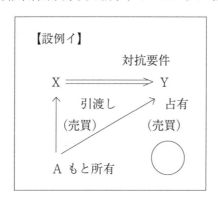

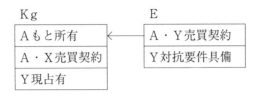

Kg		E	
Aもと所有	←	A・Y売買契約	
A・X売買契約		Y対抗要件具備	
Y現占有			

　さらに、YがXの現所有を認めた上で、これを前提に占有権原の抗弁を主張する場合には、Xの現所有について権利自白が成立したものとみて、Xが動産を現在所有していることを摘示することになる（57頁の設例ウ参照）。

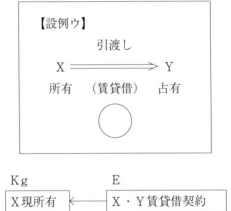

Kg		E	
X現所有	←	X・Y賃貸借契約	
Y現占有		X→Y基づく引渡し	

2　損害金請求

　附帯請求として不法行為に基づく損害賠償請求権が訴訟物とされた場合の請求原因についても、所有権に基づく不動産明渡請求訴訟の場合と同様に考えることができる（59頁）。

3　執行不奏効の場合の代償請求

　執行不奏効の場合の代償請求においては、Xは、請求原因として、本来の動産引渡請求権の発生を根拠づける前記1の①、②に加え、

③　口頭弁論終結時の目的物の時価

を主張立証しなければならない。

　　将来の執行不奏効の時点及びその時点における時価を口頭弁論終結時に主張することは不可能であるから、賠償額算定の基準時は、事実審の口頭弁論終結時となる（前掲最判昭30.1.21、瀬戸・前掲245）。

　　また、代償請求の訴訟物を所有権侵害の不法行為に基づく損害賠償請求権と構成した場合には、執行が不奏効に終わった時点におけるYの故意又は過失が要件となるところ、口頭弁論終結時におけるYのXに対する返還義務の発生（これは前記1の①、②によって現れる。）と執行が不奏効に終わったこと（これは執行手続の中で明らかになる。）によって、執行不奏効時点におけるYの過失が基礎づけられると考えられるので、前記1の①、②が主張立証されれば、この要件も充足されたものと解される。

　　なお、この場合の代償請求は、将来の給付の訴えであるが、あらかじめその請求をする必要性も認められると解される。

第4　抗弁以下の攻撃防御方法

　　所有権に基づく動産引渡請求訴訟における動産引渡請求に関する抗弁以下の攻撃防御の構造は、所有権に基づく不動産明渡請求訴訟の場合とほぼ同様に考えることができる（59頁）が、動産引渡請求訴訟に特有の問題も少なくない。そこで、以下では、所有権喪失の抗弁、動産が二重に譲渡された場合の対抗要件の抗弁又は対抗要件具備による所有権喪失の抗弁、占有権原の抗弁という抗弁の類型ごとに攻撃防御の構造を概観する。

1　所有権喪失の抗弁

　　まず、Xの請求原因の主張に対し、Yが過去のある時点におけるXの所有を認めた上で、所有権喪失の抗弁として、X以外の者の所有権取得原因事実を主張する場合が考えられる（60頁）。ここでは、所有権取得原因事実として、売買、代物弁済、即時取得が主張された場合について、抗弁以下の攻撃防御の構造を検討する。

(1)　売買

　　まず、Yは、所有権喪失の抗弁として、例えば、Xが動産を第三者Aに売却したことを主張立証することができる（60頁）。

　　売買の抗弁に対し、Xは、再抗弁として、例えば、通謀虚偽表示、催告による解除、所有権留保特約等を主張立証することができる（61頁）。

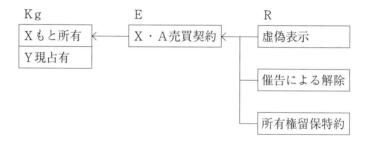

(2)　代物弁済

　ア　次に、Yは、所有権喪失の抗弁として、例えば、XがYに対して動産をもって代物弁済したことを主張立証することができる。

　　　ところで、代物弁済については、このように所有権取得原因として主張される場合と債務の消滅原因として主張される場合とが考えられるので、それぞれの場合の要件事実について検討する。

　イ　まず、債務の発生原因事実が主張されたのに対し、その債務の消滅原因として債務者が動産の所有権をもって代物弁済したことを主張する場合の要件事実は、

　　①　債務の弁済に代えて動産の所有権を移転するとの合意がされたこと

　　②　債務者が①の当時、その動産を所有していたこと

　　③　①の合意に基づき、その動産の引渡しがされたこと

　　である。

　　　代物弁済による債務消滅の効果が発生するためには、動産の所有権が移転したことを要するから、②が必要となる。

　　　また、債務の消滅原因として代物弁済を主張する場合には、本来の給付と異なる給付の完了として対抗要件の具備まで主張立証しなければならないと解される（最判昭39.11.26民集18.9.1984[107]、最判昭40.4.30民集19.3.768[25]参照）から、③が必要となる。民法所定の代物弁済は諾成契約である（民法482条）から、①だけが契約の成立要件であって、異なる給付は①の合意の履行としてされることになる。

　ウ　次に、動産の所有権取得原因として代物弁済を主張する場合には、

代物弁済により消滅する債務の発生原因事実と①、②の事実とを主張立証する必要があるが、民法所定の代物弁済は諾成契約であり（民法482条）、代物弁済による所有権移転の効果は、原則として当事者間の代物弁済契約の意思表示によって生ずると解される（最判昭40.3.11集民78.259、最判昭57.6.4集民136.39参照）から、③を主張立証する必要はない。

　Yが所有権喪失の抗弁としてXからYへの代物弁済を主張する場合には、代物弁済当時Xが動産を所有していたことは請求原因で主張されているから、②を改めて主張立証する必要はない。しかし、代物弁済により消滅する債務の発生原因事実は請求原因において主張されていないから、Yはこの点を主張立証しなければならない。

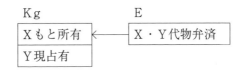

(3)　即時取得

　ア　動産については、即時取得の制度が認められており（民法192条）、動産を即時取得した者は、その所有権を原始取得するものと解されるから、これにより、その動産について従来の所有者が有していた所有権は消滅することになる（60頁）。したがって、Yは、所有権喪失の抗弁として、例えば、Yが動産を第三者Bから買い受けて即時取得したと主張することができる。

　　この場合には、Yは、

①　BがYとの間でその動産の売買契約を締結したこと（取引行為）

②　Bが①に基づいてその動産をYに引き渡したこと（基づく引渡し）

を主張立証すべきことになる。

　　民法192条は、即時取得の要件として、①及び②のほかにYの占有取得について③平穏、④公然、⑤善意、⑥無過失が必要であると規定しているが、同法186条1項により、Yは、③平穏、④公然、⑤善意

を主張立証する必要がない（暫定真実）。

　⑥の無過失については、推定を否定する見解もあるが、同法188条により、占有者が占有物について行使する権利は適法に有するものと推定されるから、占有取得者Yは、前主Bに所有権があると信ずることについて過失がないものと推定されると解される（最判昭41.6.9民集20.5.1011[48]）。

　②の引渡しは、現実の引渡し、簡易の引渡しのほか、指図による占有移転の方法によることも可能であるが、占有改定の方法によることはできないというのが判例である（最判昭32.12.27民集11.14.2485[134]、最判昭35.2.11民集14.2.168[11]）。

イ　Yが、所有権喪失の抗弁として、Yの即時取得を主張した場合、Xは、再抗弁として、

　　　Yが占有取得時に前主Bの無権利について悪意であったことを主張立証することができる。

　即時取得における善意は、動産の占有を始めた者において、取引の相手方がその動産につき権利者であると誤信したことをいうとされていること（前掲最判昭41.6.9、最判昭26.11.27民集5.13.775）に照らせば、この場合の悪意とは、前主が権利者であると信じていなかったことをいうと解すべきである。

権利者であると信じていた（即時取得の善意）	権利者であることを疑っていた（半信半疑を含む）	無権利者であることを知っていた
無権利者であることを知らなかった（一般の善意）		

　また、その悪意は占有取得時のものでなければならず、占有取得後の悪意を主張立証しても即時取得の効果は否定されない。

ウ　Yが、所有権喪失の抗弁として、Yの即時取得を主張した場合、X

は、再抗弁として、

　　　Yが占有取得時に前主Bが権利者であると信じたことにつき過
　　失があったことの評価根拠事実
を主張立証することもできる。

　即時取得における無過失とは、動産の占有を始めた者において、取引の相手方がその動産につき権利者であると信ずるにつき過失のなかったことをいう（前掲最判昭41.6.9、前掲最判昭26.11.27）ので、Xとしては、Bが権利者であると信じたことにつきYに過失があると評価するに足りる具体的事実を主張立証することになる。この場合の過失の基準時も、Yの占有取得時である。

　さらに、この再抗弁に対し、Yは、再々抗弁として、

　　　Yに過失があったことの評価障害事実
を主張立証することができる。

　過失の有無は、前主の処分権限につき取得者に疑念が生じなければならなかったかどうか（調査確認義務の存在）、もしそれが肯定されるとすれば、取得者が正しい認識を得るために相当と認められる措置を講じたかどうか（調査確認義務の懈怠）にかかり、その際には、取引の実情ないし慣行、商慣習、従来の当事者間の諸関係などが総合的に考慮されなければならない。過失が肯定される具体的場合としては、例えば、一般に登記、登録等のある物件の取引の場合においてその調査を怠ったとき、業者の取引慣行や従来の当事者間の具体的事情から前主の権利を疑うべき場合において前主の権利についての調査を怠ったときなどが挙げられる（好美・新版注釈民法(7)185）。

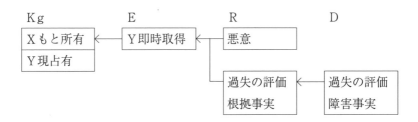

2　動産が二重に譲渡された場合の対抗要件の抗弁又は対抗要件具備による
所有権喪失の抗弁

　　次に、Xが、請求原因において、動産の所有権を前主Aから承継取得し
たと主張したのに対し、Yが、その動産をAがもと所有していたことを認
めた上で、YはAから承継取得したとして、YのAからの所有権取得原因
事実を主張し、対抗要件の抗弁又はYの対抗要件具備によるXの所有権喪
失の抗弁を主張する場合が考えられる（56頁の設例イ参照）。そこで、承
継取得の原因として、AX間、AY間の各売買が主張された場合を例とし
て、抗弁以下の攻撃防御の構造を検討する。

(1)　対抗要件の抗弁

　　ア　Aが所有していた動産をXに売却した場合には、これによって、
　　　原則的にはAからXへの所有権移転の効力が生ずることになる（民法
　　　176条）が、その動産がAからYに二重に譲渡されたときは、YはX
　　　が対抗要件を具備するまではXの所有権取得を認めないとの権利主張
　　　をすることができる（同法178条）。

　　　　したがって、Xが請求原因として、Aが動産をもと所有していたこ
　　　と及びAがXとの間で動産の売買契約を締結したことを主張した場合
　　　に、Yは、対抗要件の抗弁として、

　　　①　AがYとの間でその動産の売買契約を締結したこと
　　　を主張立証し、かつ、

　　　②　Xが対抗要件を具備するまではXの所有権取得を認めない
　　　との権利主張をすることができる。

　　イ　この場合に、Xが対抗要件を具備していれば、YはAX間の所有権
　　　移転の効力を争うことはできなくなるから、Yの対抗要件の抗弁に対
　　　し、Xは、再抗弁として、Xが対抗要件を具備したこと、すなわち、

　　　　　AがAX間の売買契約に基づいてその動産をXに引き渡したこ
　　　　　と
　　　を主張立証することができる。

　　　　動産の譲渡についての対抗要件である引渡しの方法としては、現実
　　　の引渡しのほか、簡易の引渡し、占有改定、指図による占有移転があ

るが、引渡しの有無が争点とされている場合には、これらのいずれの態様に該当するかを具体的に主張すべきことになる。

Kg	E	R
Aもと所有	A・Y売買契約	X対抗要件具備
A・X売買契約	権利主張	
Y現占有		

(2)　対抗要件具備による所有権喪失の抗弁

　ア　Aが所有していた動産をXに売却し、原則的にAからXへの所有権移転の効力が生ずる場合でも、その動産がAからYに二重に譲渡され、Yが対抗要件を具備すると、Xとの対抗関係においてYが優先することによりAからXへの所有権移転の効力は否定され、結果としてXが所有権を喪失したことになる。

　　したがって、Xが請求原因として、Aが動産をもと所有していたこと及びAがXとの間で動産の売買契約を締結したことを主張した場合に、Yは、所有権喪失の抗弁として、

　①　AがYとの間でその動産の売買契約を締結したこと

　②　Aが①に基づいてその動産をYに引き渡したこと

を主張立証することができる。

　イ　Yが、所有権喪失の抗弁を主張した場合には、Xは、再抗弁として、

　①　AがAX間の売買契約に基づいてその動産をXに引き渡したこと

　②　Xへの引渡しがYへの引渡しに先立つこと

を主張立証することができる。

　　抗弁において、Yが二重譲受人であることが現れている以上、XがYに対して所有権を主張するためには、Xが対抗関係においてYに優先することが必要となるから、Xは、再抗弁として、単にXも対抗要件を具備したことを主張立証するだけでは足りず、Xの対抗要件具備がYの対抗要件具備に先立つことまで主張立証しなければならない。

　　不動産の二重譲渡の事例では、対抗要件としての登記の具備に争いのない場合が多く、また、登記を具備した者が対抗関係において優先

することは明らかであるので、当事者が対抗要件の抗弁ではなく、所有権喪失の抗弁を主張しているとみられる場合が多い（65頁）。

これに対し、動産の二重譲渡の事例では、対抗要件としての引渡しについて観念的な占有移転の方法によることが認められているため、対抗要件の具備の有無自体が争いになる場合が多いので、不動産の二重譲渡の場合と同様に論ずることはできない。

(3)　解除と第三者

前記のとおり、Ｘの請求原因の主張に対し、Ｙは、所有権喪失の抗弁としてＸが動産をＡに売却したことを主張することができ、これに対して、Ｘは、再抗弁としてＡの代金債務の履行遅滞を理由とする催告による解除を主張することができる（61頁）。この場合に、Ｙとしては、例えば、Ｙが更にＡからその動産を買い受けたことを主張することが考えられるが、その場合におけるＹの主張をどのように位置づけるかについて、その買受けが解除前にされた場合と解除後にされた場合とに分けて検討する。

ア　まず、ＹがＡから動産を買い受けたのがＸＡ間の売買契約の解除前である場合、すなわち、Ｙがいわゆる解除前の第三者（民法545条1項ただし書）に該当する場合に、Ｙの主張をどのように構成すべきかについて検討する。

この場合の解除権を行使したＸと第三者Ｙの関係、Ｙの対抗要件具備の要否については、第三者は対抗要件を具備することなく解除者に対抗し得るとする見解（第三者優位説）、解除者と第三者の関係は対抗関係とはならないが、民法545条1項ただし書の第三者として保護されるための要件として対抗要件の具備が必要であるとする見解（権利保護要件説）、解除者と第三者の関係は対抗関係であるとする見解

（対抗関係説）などがある（池田「登記を要する物権変動」民法講座2.172、北村「解除の効果─545条をめぐって─」民法講座5.113参照）。

　しかし、第三者優位説は、民法96条3項との比較等において第三者に過当な保護を与えることになると考えられるし、権利保護要件説は、第三者が解除後に対抗要件を取得しても保護されないとするのであれば、第三者が解除後に利害関係に入った場合の解除者と第三者との関係が後記のように対抗関係と解されることと均衡を失することになると考えられる。

　判例は、対抗関係説に立っているようにみられる（大判大10.5.17民録27.929、最判昭33.6.14民集12.9.1449[66]、最判昭58.7.5集民139.259）。解除の効果について、いわゆる直接効果説の見解に立つことを前提とした場合にも、解除者と第三者の関係を対抗関係と解することは可能であると思われる。対抗関係説によれば、Ｙが解除前の第三者であるとの主張の法的構成については、目的物がＡＸ間、ＡＹ間で二重に譲渡された場合と同様に解することができる。

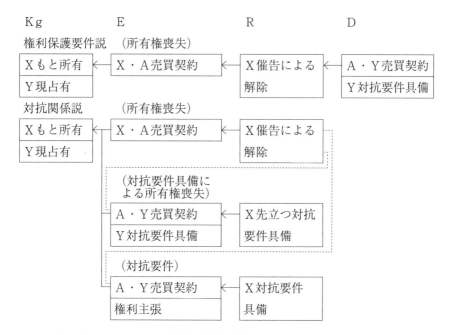

イ　次に、YがAから動産を買い受けたのがXA間の売買契約の解除後
　　である場合、すなわち、Yがいわゆる解除後の第三者に該当する場合
　　について検討する。

　　　第三者が解除後に利害関係に入った場合の解除者と第三者との関
　　係については、これを対抗関係と解するのが通説であり（我妻・債
　　権各論上199等）、判例もこの見解に立っているとみられる（最判昭
　　35.11.29民集14.13.2869[137]等）。したがって、Yが解除後の第三者
　　であるとの主張の法的構成については、目的物がAX間、AY間で二
　　重に譲渡された場合と同様に解することができる。

ウ　以上によれば、Xが再抗弁としてXA間の売買契約の解除を主張し
　　た場合に、Yとしては、

　　①　Aがその動産についてYとの間で売買契約を締結したこと
　　を主張立証し、かつ、

　　②　Xが対抗要件を具備するまではXへの所有権帰属を認めない
　　との権利主張をすることができる。

　前記のとおり、第三者が利害関係に入ったのが解除前であるか解除後であるかを問わず、解除者と第三者の関係は対抗関係であると解されるので、①については、ＡＹ間の売買契約の締結がＸＡ間の売買契約の解除に先立つことを主張立証する必要はない。

　この場合のＹの主張は、対抗要件の抗弁であり、売買の抗弁、解除の再抗弁を前提とする予備的抗弁として位置づけられることになる。この場合の攻撃防御の構造については、動産が二重に譲渡された場合の対抗要件の抗弁の場合と同様である（128頁）。

　また、Ｙは、②に代えて、Ｙが対抗要件を具備したこと、すなわち、

　　Ａが①に基づいてその動産をＹに引き渡したこと

を主張立証することもできる。この場合のＹの主張は、所有権喪失の抗弁であり、同様に予備的抗弁として位置づけられることになる。この場合の攻撃防御の構造についても、動産が二重に譲渡された場合の対抗要件具備による所有権喪失の抗弁の場合と同様である（129頁）。

3　占有権原の抗弁

　Ｘの請求原因の主張に対し、ＹがＸの現所有を認めた上で、これを前提に占有権原の抗弁を主張する場合が考えられる。

　このような占有権原の抗弁については、不動産明渡請求訴訟における占有権原の抗弁と同様に考えることができる（65頁）。動産の占有権原としては、賃借権、使用借権などが挙げられる。

所有権に基づく動産引渡請求訴訟における典型的攻撃防御の構造

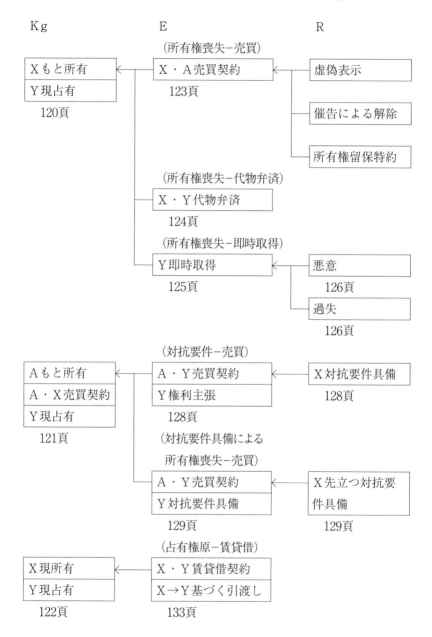

第7章　譲受債権請求訴訟

第1　はじめに

　　金銭支払請求訴訟の中には、他人から債権を譲り受けたことを理由とし
て、その債務の履行を求める訴訟類型（以下「譲受債権請求訴訟」とい
う。）があり、その訴訟物及び攻撃防御の構造については、通常の契約当
事者間における金銭支払請求訴訟の類型とは異なった観点からの考察が必
要である。

　　そこで、このような譲受債権請求訴訟の類型について、ＸがＡＹ間の
金銭消費貸借契約（民法587条）に基づく貸金債権をＡから弁済期到来後
に買ったと主張して、Ｙに対し貸金の返還を請求する場合を例として、
その主たる請求の訴訟物及び典型的な攻撃防御の構造を概観する（設例
１）。

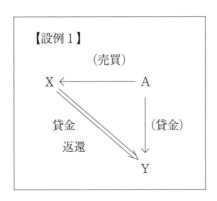

第2　訴訟物

　　債権譲渡は、債権の同一性を変えることなく帰属主体を変更することを
内容とするから、設例のように、ＸがＡＹ間の消費貸借契約に基づくＡの
Ｙに対する貸金債権を買ったと主張して、Ｙに対し貸金の返還を請求す
る場合には、Ｘ主張の請求権の実体法上の性質はＡＹ間の消費貸借契約に
基づく貸金返還請求権であり、Ｘはその帰属主体であるにすぎない。した
がって、この場合の訴訟物は、ＡＹ間の消費貸借契約に基づく貸金返還請

求権であり、Ｘが債権の帰属主体となった経路、原因は、訴訟物を特定するための要素とはならない。

第3　請求原因

1　要件事実

債権の譲受人が債務者に対してその債務の履行を請求するためには、請求原因として、

① 譲受債権の発生原因事実

② ①の債権の取得原因事実

を主張立証する必要がある。

前記設例の場合において、ＸがＹに対し貸金の返還を請求するためには、Ｘは、請求原因として、

① ＡがＹとの間で金銭の返還の合意をしたこと

② ＡがＹに対し金銭を交付したこと

③ ＡがＹとの間で弁済期の合意をしたこと

④ 弁済期が到来したこと

⑤ ＸがＡとの間でその貸金債権の売買契約を締結したこと

を主張立証しなければならない。

2　譲受債権の発生原因事実

消費貸借契約（民法587条）に基づき貸金の返還を請求するためには、①から④までが必要となる（28頁）。

3　債権譲渡と原因行為

⑤に関しては、債権譲渡とその原因行為との関係が問題となる。すなわち、債権譲渡自体は債権の処分行為であるが、債権譲渡が例えば売買や贈与として行われた場合については、債権行為としての義務負担行為の側面と権利の帰属の変更自体である準物権行為としての処分行為の側面とが区別され得るから、債権移転のために、原因行為である売買契約や贈与契約などの債権行為とは別個に、債権の移転自体を目的とする準物権行為としての処分行為が必要となるかが問題となる。

この点については、準物権行為の債権行為からの独自性を肯定する見解もあるが、物権変動における物権行為の独自性の問題と同様に、このよう

な独自性は否定すべきである（我妻・債権総論526等、最判昭43.8.2民集22.8.1558[79]参照）。したがって、債権譲渡が売買や贈与として行われたと主張する場合には、Xは、Aからの債権の取得原因事実として、売買契約、贈与契約等の事実のみを主張立証すれば足りる。

　ここで、売買契約、贈与契約等を主張する場合には、その契約中の債権譲渡についての合意部分のみを取り出して主張することはできない。

Kg

A・Y金銭返還合意
A→Y金銭交付
A・Y弁済期の合意
弁済期の到来
A・X売買契約

第4　抗弁以下の攻撃防御方法

　　Xの請求原因に対しYが主張し得る抗弁のうち、譲受債権請求訴訟に特有のものとしては、譲渡制限特約、債務者に対する対抗要件、弁済その他の譲渡人に対して生じた事由などが考えられる。さらに、Yとしては、債権が例えばAからBに二重に譲渡されたことを前提として、第三者に対する対抗要件、第三者の対抗要件具備による債権喪失、債権の二重譲受人に対する弁済などの抗弁を主張することも考えられる。そこで、以下、これらの抗弁及びこれに関連する攻撃防御方法について、順次検討する。

1　譲渡制限特約

⑴　履行拒絶

　ア　譲渡制限特約による履行拒絶の抗弁

　　㋐　Xの請求原因の主張に対し、Yは、譲渡制限特約による履行拒絶の抗弁として、

　　　①　AY間で譲渡制限特約が締結されたこと

　　　②[A]　Xが債権を譲り受けた際、①を知っていたこと

　　　　又は

　　　　［Ｂ］　Ｘが債権を譲り受けた際、①を知らなかったことにつきＸ
　　　　　　に重大な過失があったことの評価根拠事実
　　を主張立証し、

　　③　ＡＹ間の消費貸借契約に基づく貸金返還債務の履行を拒絶する
　　との権利主張をすることができる。

　（イ）　債権には原則として譲渡性があり（民法466条 1 項本文）、当事者
　　が債権の譲渡を禁止し、又は制限する旨の意思表示（以下「譲渡制
　　限の意思表示」という。）をしたときであっても、債権の譲渡は、
　　その効力を妨げられない（同条 2 項）が、譲渡制限の意思表示がさ
　　れたことを知り、又は重大な過失によって知らなかった譲受人その
　　他の第三者に対しては、債務者は、その債務の履行を拒むことがで
　　きる（同条 3 項）。譲渡制限特約は、このような譲渡制限の意思表
　　示の典型である。譲渡制限特約による履行拒絶の抗弁は権利抗弁で
　　あると解されるから、権利主張をすることを要する。

　イ　履行催告の再抗弁

　　債務者が債務を履行しない場合、譲受人は、債務者に対し、相当の
　　期間を定めて、譲渡人への履行の催告をすることができ、その期間
　　内に履行がないときは、民法466条 3 項の規定は適用されず、債務者
　　は、債務の履行を拒むことができない（同条 4 項）。

　　そこで、Ｙの譲渡制限特約による履行拒絶の抗弁に対し、Ｘは、再
　　抗弁として、

　　①　ＸがＹに対してＡへの貸金返還債務の履行を催告したこと
　　②　①の催告後相当期間が経過したこと
　　を主張立証することができる。

　　債務を履行しないことについては、債務者に債務を履行したことに
　　ついての主張立証責任があると解すべきであり（12頁参照）、また、
　　相当の期間を定めなかった場合でも、催告として有効であると解され
　　る（12頁参照）から、Ｘとしては、譲渡人Ａへの履行を催告したこと
　　（①）と催告後相当期間が経過したこと（②）を主張立証すれば足り
　　る。

　　ウ　承諾の再抗弁

　　　譲渡制限の意思表示は、一般に債務者の利益を保護するためのものである（潮見・新債権総論Ⅱ402等参照）から、譲渡制限の意思表示がされた場合であっても、債務者は譲渡を承諾することができ、その承諾は、譲渡制限特約に基づく抗弁を放棄する意思表示としての意味を有すると解される（潮見・前掲401）。

　　　したがって、Ｙが譲渡制限特約による履行拒絶の抗弁を主張したのに対し、Ｘは、再抗弁として、

　　　　　Ｙが債権譲渡につきＡ又はＸに対し承諾の意思表示をしたことを主張立証することができる。この承諾の時期は、債権譲渡の前後を問わない。

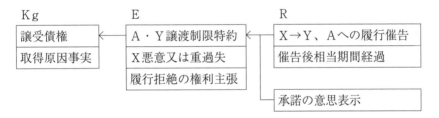

Kg
| 譲受債権 |
| 取得原因事実 |

E
| A・Y譲渡制限特約 |
| X悪意又は重過失 |
| 履行拒絶の権利主張 |

R
| X→Y、Aへの履行催告 |
| 催告後相当期間経過 |

| 承諾の意思表示 |

(2)　譲渡人に対する債務消滅事由

　　ア　譲渡人に対する弁済の抗弁

　　　譲渡制限の意思表示がされた場合、債務者は、譲渡制限の意思表示がされたことを知り、又は重大な過失によって知らなかった譲受人その他の第三者に対しては、譲渡人に対する弁済その他の債務を消滅させる事由をもって対抗することができる（民法466条3項）。

　　　したがって、Ｘの請求原因の主張に対し、Ｙは、例えば、譲渡人に対する弁済の抗弁として、前記(1)ア(ア)の①と②[Ａ]又は[Ｂ]に加え、

　　③　ＹがＡに対し、債権につき、債務の本旨に従った給付をしたことを主張立証することができる（9頁）。

　　イ　先立つ履行催告の再抗弁

　　　民法466条4項の履行の催告をし、相当期間内に履行がなかったときは、その時点であたかも譲渡制限特約のない譲渡がされたと扱わ

れ、債務者は相当期間の経過時までに譲渡人に対して生じた事由を
もって譲受人に対抗することができる（民法468条2項）が、それよ
り後に生じた事由を譲受人に対抗することはできないから、Xとして
は、再抗弁として、

①　弁済に先立ち、XがYに対してAへの貸金返還債務の履行を催告
したこと

②　弁済に先立ち、①の催告後相当期間が経過したこと

を主張立証することができる。

(3)　供託の抗弁

債務者は、譲渡制限の意思表示がされた金銭債権が譲渡されたとき
は、その債権の全額に相当する金銭を債務の履行地の供託所に供託する
ことができる（民法466条の2第1項）。したがって、Yは、供託の抗弁
として、

①　AY間で譲渡制限特約が締結されたこと

②　Yが譲受債権の全額に相当する金銭を債務の履行地の供託所に供託
したこと

を主張立証することができる。

2　債務者対抗要件

(1)　債務者対抗要件の抗弁

Xの請求原因の主張に対し、Yは、債務者に対する対抗要件の抗弁
（民法467条1項）として、

債権譲渡につき、Aが譲渡の通知をし又はYが承諾しない限りX
を債権者と認めない

との権利主張をすることができる。

民法177条等における対抗要件に関する要件事実、主張立証責任の所
在については、第三者の側で対抗要件の欠缺を主張し得る正当な利益を
有する第三者であることを主張立証し、かつ、対抗要件の有無を問題と
して指摘し、これを争うとの権利主張をすることを要すると解すべきで
あり（権利抗弁説、64頁）、債権譲渡における債務者に対する対抗要件
に関する要件事実、主張立証責任の所在についてもこれと同様に解する

ことができる（最判昭56.10.13集民134.97）。

　本設例の場合、Xが請求原因で債権債務の発生原因事実を主張すると、Yが正当な利益を有する第三者であることも現れるから、権利抗弁説によれば、Yは、抗弁として、この権利主張をすれば足りることになる。したがって、本設例において、Yは、抗弁として、この権利主張をすべきことになる。

(2)　債務者対抗要件具備の再抗弁

　このようなYの抗弁に対し、Xは、再抗弁として、Xが債務者に対する対抗要件を具備したこと、すなわち、

[A]　債権譲渡につき、それ以後AがYに対し譲渡の通知をしたこと

又は

[B]　債権譲渡につき、YがA又はXに対し承諾したこと

を主張立証することができる。

　この通知及び承諾の法的性質はいずれも観念の通知である（奥田・前掲437以下、潮見・前掲425以下、内田・民法Ⅲ[第4版]233以下、中田・債権総論[第4版]649以下）。

　通知は債権譲渡以後にされたものでなければならないのに対し、承諾は債権譲渡の前後のいずれにされたものであるかは問わない（最判昭28.5.29民集7.5.608）。

　また、この通知をすべき者は債権の譲渡人Aであり、譲受人XはAに対し債務者に通知をすべきことを請求できるにとどまり（民法467条1項、奥田・前掲437、潮見・前掲426、中田・前掲650）、XがAに代位して通知することも許されない（大判昭5.10.10民集9.948）。もっとも、例えば、XがAから授権され、Aの使者として通知をすることは可能であると考えられる。しかし、この場合でも、債権譲渡があれば当然に通知の権限を付与されたものと解することはできない。

　承諾は債権の譲渡人又は譲受人のいずれかに対してすれば足りる（最判昭49.7.5集民112.177）。

3　譲渡人に対して生じた事由

(1)　譲渡人に対して生じた事由についての抗弁

　　　債権譲渡は、債権の同一性を変えることなく、その帰属主体を変更するものであるから、債権に付着していた抗弁事由は、譲渡後もそのまま存続することになり、民法468条1項は、債権譲渡に関与しない債務者を保護するため、債務者は、譲渡人が民法467条による通知をし、又は債務者が同条による承諾をした時（対抗要件具備時、民法466条の6第3項）までに譲渡人に対して生じた事由をもって譲受人に対抗することができるとしている。このような譲渡人に対して生じた事由の典型例としては、債権の発生原因である契約の取消し又は解除による債権の消滅、譲渡人に対する弁済等による債権の消滅などが挙げられる。

　　　そして、前記のような趣旨からは、債務者が譲渡人に対して生じた事由についての主張立証責任を負い、譲受人がその事由の発生前に通知又は承諾がされたことについての主張立証責任を負うことになると解される。

　　　したがって、Xの請求原因の主張に対し、Yとしては、抗弁として、例えば、YがAに対して弁済したことを主張することができ、この場合には、Yは、

　　　　　YがAに対し、債権につき、債務の本旨に従った給付をしたことを主張立証すべきことになる（9頁）。

(2)　先立つ債務者対抗要件具備の再抗弁

　　　このようなYの抗弁に対し、Xは、再抗弁として、

　　[A]　弁済に先立ち、債権譲渡につき、それ以後AがYに対し譲渡の通知をしたこと

　　又は

　　[B]　弁済に先立ち、債権譲渡につき、YがA又はXに対し承諾したこと

を主張立証することができる。

Kg 譲受債権 取得原因事実　←　E　Y→A弁済　←　R　X先立つ債務者対抗要件具備

(3)　抗弁の放棄の再抗弁

　　改正法による改正前の民法468条1項は、債務者の異議をとどめない承諾による抗弁の切断を認めていたが、この制度は改正法により廃止された。もっとも、債権譲渡がされた場合に、債務者は、民法468条に基づく抗弁を放棄することができると解されているので、これを再抗弁として主張立証することが考えられる。

4　第三者対抗要件

(1)　第三者対抗要件の抗弁

　ア　Xの請求原因の主張に対し、Yとしては、例えば、債権がAからBにも二重に売買されたとして、民法467条2項との関係で、第三者に対する対抗要件の抗弁を主張することができる（設例2）。

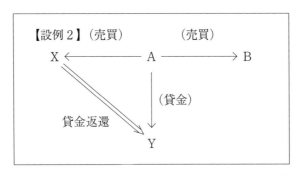

【設例2】（売買）　　　（売買）
X ← A → B
（貸金）
貸金返還
Y

　　この場合には、Yは、

①　BがAとの間でその貸金債権の売買契約を締結したこと

②[A]　AからBへの債権譲渡につき、それ以後AがYに対し譲渡の通知をしたこと

　　又は

　[B]　AからBへの債権譲渡につき、YがA又はBに対し承諾した

　　　　　こと

を主張立証し、かつ、

③　AからXへの債権譲渡につき、Aが確定日付のある証書による譲
　渡の通知をし又はYが確定日付のある証書による承諾をしない限り
　Xを債権者と認めない

との権利主張をする必要がある。

イ　債権の譲渡については、債務者以外の第三者に対する関係では、
　対抗要件として、債務者に対する通知又は債務者の承諾が確定日付の
　ある証書（民法施行法5条）によってされることが必要である（民法
　467条2項）が、この点との関係で、債務者が第三者に対する対抗要
　件の抗弁をも主張することができるかが問題となる。

　　債権が二重に譲渡された場合において、いずれの譲渡についても単
　なる通知又は承諾がされたにとどまる場合の各譲受人と債務者との関
　係については、反対説もあるが、各譲受人は互いに優先することがで
　きず、その結果、債務者はいずれの譲受人に対しても弁済を拒絶する
　ことができると解すべきである（我妻・前掲545、奥田・前掲452等）。
　この見解によれば、債務者は、前記のような第三者に対する対抗要件
　の抗弁を主張し得ることになると考えられる。

ウ　次に、Yがこのような第三者に対する対抗要件の抗弁を主張する場
　合の要件としては、まず前記①及び③が必要であるが、さらに、これ
　に加えて、Bが債務者に対する対抗要件を具備したことを示す前記②
　が必要となるかが問題となる。

　　債権は債権者に対する権利であり、債権譲渡が行われてもなお債務
　者への対抗要件たる通知又は承諾を欠く状態においては、債務者とし
　ては、譲受人を債権者として取り扱う必要がなく、二重弁済の危険も
　生じないのであるから、債権譲渡が行われ、かつ、債務者対抗要件が
　具備された段階で初めて、物権変動の場合と同じように譲受人相互の
　優先関係が問題となるというべきであり（奥田・前掲449）、Yが第三
　者に対する対抗要件の抗弁を主張する場合には、前記②についても主
　張立証する必要があると解すべきである。

エ　さらに、第三者に対する対抗要件の抗弁と債務者に対する対抗要件の抗弁との関係が問題となる。

　　この点については、第三者に対する対抗要件の抗弁における権利主張は、債務者に対する対抗要件の抗弁における債権譲渡の通知又は承諾があるまで債権者と認めないとの権利主張に、通知又は承諾に確定日付を具備することを求める権利主張を付加するものであり、第三者に対する対抗要件の抗弁の要件事実が債務者に対する対抗要件の抗弁の要件事実を包含する関係にあるようにもみえる。

　　しかし、第三者に対する対抗要件の抗弁と債務者に対する対抗要件の抗弁とは、その抗弁としての性格を異にし、権利主張の内容も異質のものであるとみられるから、このような包含関係には立たない。したがって、債務者Yは、債務者に対する対抗要件の抗弁とは別個に、前記のような第三者に対する対抗要件の抗弁を主張することができる。

(2)　第三者対抗要件具備の再抗弁

　　Yの第三者対抗要件の抗弁の主張に対し、Xは、再抗弁として、第三者に対する対抗要件を具備したこと、すなわち、

　[A]　AからXへの債権譲渡につき、それ以後AがYに対し確定日付のある証書による譲渡の通知をしたこと

　又は

　[B]　AからXへの債権譲渡につき、YがA又はXに対し確定日付のある証書による承諾をしたこと

　を主張立証することができる。

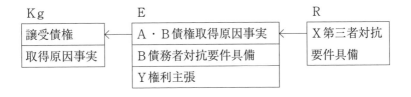

5　第三者対抗要件具備による債権喪失
 (1)　債権喪失の抗弁
　　　Xの請求原因の主張に対し、Yは、例えば、債権がAからBにも二重
　に譲渡され、かつ、Bが第三者に対する対抗要件を具備したことによ
　り、AからXの債権移転の効力は否定され、その結果として、Xが債権
　を喪失したとのいわゆる債権喪失の抗弁を主張することができる。
　　　この場合には、Yは、
　①　BがAとの間でその貸金債権の売買契約を締結したこと
　②[A]　AからBへの債権譲渡につき、それ以後AがYに対し確定日付
　　　　のある証書による譲渡の通知をしたこと
　　又は
　　[B]　AからBへの債権譲渡につき、YがA又はBに対し確定日付の
　　　　ある証書による承諾をしたこと
　を主張立証する必要がある。
 (2)　第三者対抗要件具備の再抗弁
　ア　このようなYの抗弁に対し、Xは、再抗弁として、
　　[A]　AからXへの債権譲渡につき、それ以後AがYに対し確定日付
　　　　のある証書による譲渡の通知をしたこと
　　又は
　　[B]　AからXへの債権譲渡につき、YがA又はXに対し確定日付の
　　　　ある証書による承諾をしたこと
　　を主張立証することができる。
　イ　債権が二重に譲渡され、いずれについても確定日付のある証書によ
　　る通知がされた場合の二重譲受人相互の優劣の決定基準については、
　　通知に付された確定日付の先後によるべきであるとする見解（確定日
　　付説、於保・債権総論[新版]321等）もある。
　　　しかし、この見解によった場合には、確定日付の先後と対抗要件具
　　備の先後が一致しないことがあり、先に到達した確定日付のある通知
　　によって絶対的効力を生じたはずの債権譲渡が後に到達した確定日付
　　のある通知によってさかのぼって効力を覆されることになって、法律

関係が不安定になるおそれがあることなどから、確定日付のある通知が債務者に到達した日時の先後が二重譲受人相互の優劣の決定基準となると解すべきである（到達時説、最判昭49.3.7民集28.2.174[12]）。

次に、到達時説を前提とした場合の確定日付のある通知が債務者に同時に到達した場合の譲受人相互の優劣については、通知の発信や債権譲渡の先後などを優劣決定の副次的基準として決すべきであるとする見解もある。

しかし、この見解によれば、債務者の認識困難な事情によって弁済の相手方が定まることになって債務者保護に欠けるし、債権譲渡につき対抗要件具備の先後により優劣を決しようとした民法467条の趣旨にも反することになるから、このような場合には、譲受人相互間に優劣はないと解すべきである（最判昭55.1.11民集34.1.42[2]）。

そして、いずれの譲渡通知も債務者に到達したが、その到達の先後関係が不明であるためにその相互間の優劣を決することができない場合についても、各通知が同時に債務者に到達した場合と同様に扱うべきことになろう（最判平5.3.30民集47.4.3334[24]）。

そこで、次に、譲受人相互間に優劣のない場合に、各譲受人から債務者に対し請求ができるかどうかが問題となる。

この点については、各譲受人は互いにその譲受けを対抗できない結果、債務者はこれを理由としていずれの譲受人に対しても債務の履行を拒み得るとする見解や、各譲受人は平等の割合で債権を分割取得し、自己に帰属する債権額についてのみ債務者に請求できるとする見解もあるが、各譲受人は、債務者に対する関係では完全な権利者としての地位を取得し、債務者に対してはいずれも債権全額を請求できると解すべきである（前掲最判昭55.1.11）。

したがって、Yの債権喪失の抗弁に対し、Xは、前記のとおり、再抗弁として、Xへの債権譲渡につき、確定日付のある証書による通知又は承諾がされたことを主張立証することができることになる。

なお、所有権に基づく動産引渡請求訴訟において、動産が二重に譲渡された場合に所有権喪失の抗弁が主張されたときは、再抗弁とし

て、原告が対抗要件を具備したことに加えて、原告の対抗要件具備が被告の対抗要件具備に先立つことを主張立証しなければならない（129頁）が、これは、所有権の二重譲受人の一方が他方に対して所有権を主張するために対抗関係において自らが優先することが必要となるからであり、債権の二重譲受人の一方が債務者に対してその債権を行使する場合には、前記のとおり、他方の譲受人に対して優先することまでは必要とならないから、これと同様に論ずることはできない。

(3)　先立つ第三者対抗要件具備の再々抗弁

このようなXの再抗弁に対し、Yは、再々抗弁として、

　　　AからBへの債権譲渡についての第三者に対する対抗要件の具備が、AからXへの債権譲渡についての第三者に対する対抗要件の具備に先立つこと

を主張立証することができる。

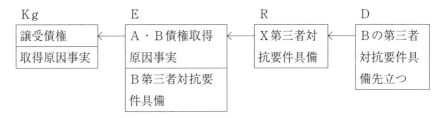

(4)　時的因子との関係

債権喪失の抗弁とこれに関連する攻撃防御の構造は、理論的には以上のとおりとなる。しかし、実務上は、当事者が対抗要件具備の主張を特定する手段として、時的因子が用いられるため、抗弁以下の攻撃防御の態様は、必ずしもこのような形で現れるとは限らない。例えば、被告が抗弁で対抗要件具備の主張を特定するために時的因子を主張し、原告が自己の譲受けについての対抗要件具備がこれに後れることを争わない場合には、原告としては再抗弁として自らの対抗要件具備を主張しないのが通常であろうし、また、当事者の時的因子の主張により、再抗弁までの段階で対抗要件具備の先後関係も現れてしまい、前記のような再々抗弁が改めて問題とされない場合も多いと思われる。

(5)　抗弁相互の関係

　　第三者に対する対抗要件の抗弁と債権喪失の抗弁の関係については、第三者に対する対抗要件の具備自体が争いになる場合が多く、また、対抗要件の具備自体に争いがなくてもそれだけでは対抗関係における優劣が確定されないので、不動産の二重譲渡の事例における対抗要件の抗弁と所有権喪失の抗弁の関係と同様に論ずることはできない。

6　債権の二重譲受人に対する弁済

(1)　債権の二重譲受人に対する弁済の抗弁

　　Xの請求原因の主張に対し、Yは、例えば、債権がAからBに二重に譲渡され、その譲渡後にYがBに弁済したとの弁済の抗弁を主張することができる。

　　この場合には、Yは、

①　BのAからの債権の取得原因事実

②　YがBに対し、債権につき、債務の本旨に従った給付をしたこと

を主張立証すべきことになる。

(2)　弁済に先立つ第三者対抗要件具備の再抗弁

　　YのBに対する弁済の抗弁に対し、Xは、再抗弁として、

［A］　弁済に先立ち、AからXへの債権譲渡につき、それ以後AがYに対し確定日付のある証書による譲渡の通知をしたこと

又は

［B］　弁済に先立ち、AからXへの債権譲渡につき、YがA又はXに対し確定日付のある証書による承諾をしたこと

を主張立証することができる。

　　債権が二重に譲渡され、確定日付のある証書による通知又は承諾がされる前に一方の譲受人に対して有効な弁済がされ、債権が消滅したときは、その後に確定日付のある証書による通知又は承諾を得た譲受人が債務者に弁済を求めることはできない（奥田・前掲456、潮見・前掲464、内田・前掲275、中田・前掲673、大判昭7.12.6民集11.2414参照）が、このような弁済がされる前に、譲受人のいずれかが第三者に対する対抗要件を具備した場合には、民法467条2項によって定まる譲受人相互間

の優劣は債務者にもその効力を及ぼし、債務者は、優先する譲受人に対して弁済をしなければならない（大判大8.3.28民録25.441、奥田・前掲456、潮見・前掲465、内田・前掲275、中田・前掲651）。

　　したがって、本設例においては、XがYのBに対する給付に先立ち、第三者に対する対抗要件を具備した場合には、債権の取得について、XがBに優先することになるので、YのBに対する給付には弁済としての効力が認められず、Xは、再抗弁として、前記の［A］又は［B］を主張立証できることになる。

(3)　弁済に先立つ第三者対抗要件具備の再々抗弁

　　この再抗弁に対する二重譲受人XB間の優劣関係をめぐる攻撃防御の構造は、Yが債権喪失の抗弁を主張した場合と同様に考えることができる。したがって、Xの再抗弁に対し、Yは、再々抗弁として、

［A］　弁済に先立ち、AからBへの債権譲渡につき、それ以後AがYに対し確定日付のある証書による譲渡の通知をしたこと

又は

［B］　弁済に先立ち、AからBへの債権譲渡につき、YがA又はBに対し確定日付のある証書による承諾をしたこと

を主張立証することができ、Xは、さらに、再々々抗弁として、

　　　　AからXへの債権譲渡についての第三者に対する対抗要件の具備が、AからBへの債権譲渡についての第三者に対する対抗要件の具備に先立つこと

を主張立証することができる。もっとも、Xが再抗弁で対抗要件具備の主張を特定するために時的因子を主張し、Bの対抗要件具備がXに後れることが明らかな場合には、YはBの対抗要件具備の再々抗弁を主張しないのが通常である。

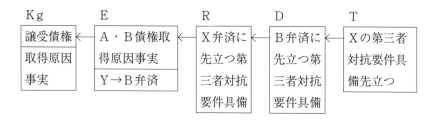

（4）　受領権者としての外観を有する者に対する弁済

　ア　他方、Bに対する弁済の抗弁とXの第三者に対する対抗要件の具備
　　の再抗弁が主張された場合にも、Yとしては、Bに対する弁済が受領
　　権者としての外観を有する者に対する弁済（民法478条）に当たるこ
　　とを主張することができる。

　　　この場合には、Yは、

　　①　YのBに対する弁済

　　②　Bが受領権者としての外観を有する者であることを基礎づける事
　　　実

　　③　YがBに対する支払の際、Bを受領権者と信じたこと

　　④　Yがこのように信ずるにつき過失がなかったことの評価根拠事実
　　を主張立証すべきことになる。

　イ　民法478条は、受領権者以外の者であって取引上の社会通念に照ら
　　して受領権者としての外観を有する者に対してした弁済は、弁済者が
　　善意かつ無過失であるときに限り、これを有効とする。債権が二重に
　　譲渡された場合に対抗関係において劣後する譲受人がこれに当たるか
　　については争いがあり、対抗関係において劣後する譲受人に対する弁
　　済は同条にいう弁済に当たらないとする見解もある（沢井・注釈民法
　　⑿96等参照）。

　　　しかし、民法467条２項の規定は、債務者の劣後譲受人に対する弁
　　済の効力についてまで定めているものとはいえず、その弁済の効力
　　は、債権の消滅に関する民法の規定によって決すべきものであるから
　　ら、二重に譲渡された債権の債務者が、同項所定の対抗要件を具備し
　　た他の譲受人より後にこれを具備した譲受人に対してした弁済につい

ても、同法478条の規定の適用があるものと解すべきである（最判昭61.4.11民集40.3.558[14]参照）。

　また、債務者が劣後譲受人に対する弁済につき無過失であったといえるためには、優先譲受人の債権譲受行為又は対抗要件に瑕疵があるためその効力を生じないと誤信してもやむを得ない事情があるなど劣後譲受人を真の債権者であると信ずるにつき相当の理由があることが必要であると解される（前掲最判昭61.4.11参照）。

　したがって、Ｙは、④として、このような相当の理由があるとの評価を根拠づける具体的事実を主張立証しなければならない。

　なお、Ｘとの対抗関係においてＢが劣後することをＹが争っていない場合には、Ｙとしては、前記のような弁済の抗弁は主張せず、受領権者としての外観を有する者に対する弁済の抗弁のみを主張する意思であるのが通常であると思われる。

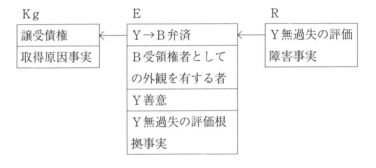

譲受債権請求訴訟における典型的攻撃防御の構造

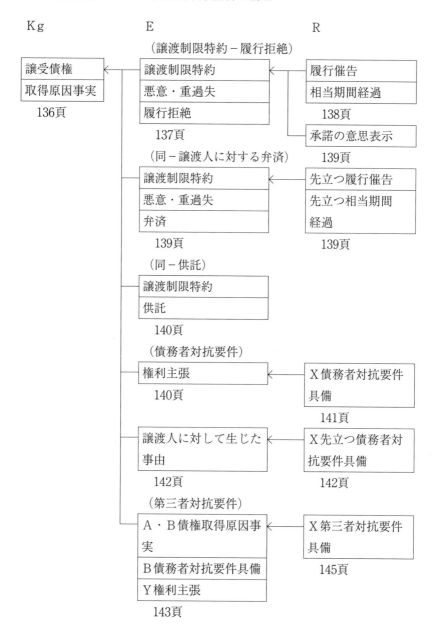

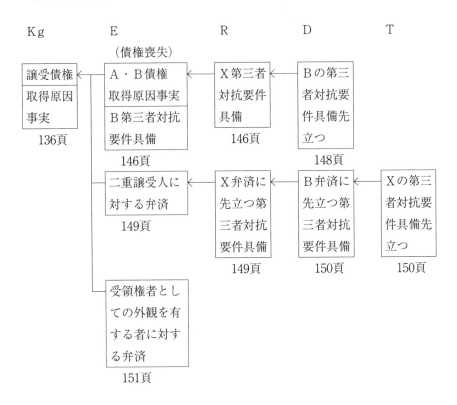

第8章　債権者代位訴訟

第1　はじめに

　　　民事訴訟の中には、債権者が債務者の責任財産を保全等するために、債務者に代位して、債務者に属する権利（以下「被代位権利」という。）を行使する訴訟類型（以下「債権者代位訴訟」という。）があり、その訴訟物及び攻撃防御の構造については、通常の権利者・義務者間における訴訟の類型とは異なった観点からの考察が必要である。

　　　そこで、このような債権者代位訴訟の類型につき、責任財産を保全するための債権者代位訴訟（第2）、登記又は登録の請求権を保全するための債権者代位訴訟（第3）について、その訴訟物及び典型的な攻撃防御の構造を概観する。

第2　責任財産を保全するための債権者代位訴訟

　1　設例

　　　まず、Aに対して売買契約に基づく100万円の代金債権を有するXが、Aに代位して、ＡＹ間の弁済期の定めのある金銭消費貸借契約に基づき、Yに対し、貸金100万円の返還を請求する場合を例として、その主たる請求の訴訟物及び典型的な攻撃防御の構造を概観する（設例1）。

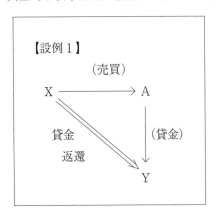

【設例1】

　　　債権者代位権を裁判上行使する場合、債権者が原告となり、被代位権利

の義務者（以下「相手方」という。）を被告として被代位権利に基づく請求を行う。債権者は、被代位権利を行使する場合において、被代位権利が金銭の支払又は動産の引渡しを目的とするものであるときは、相手方に対し、その支払又は引渡しを自己に対してすることを求めることができる（民法423条の3前段）。したがって、設例1では、Xは、Yを被告として、金銭の支払をXに対してすることを求めることができる。債権者が、相手方から金銭を受領し、当該金銭に係る債務者の返還請求権と被保全債権とを相殺した場合には、債権者は事実上の優先弁済を受けることになる。なお、債権者は、被代位権利の行使に係る訴えを提起したときは、遅滞なく、債務者に対し、訴訟告知をしなければならない（民法423条の6）。

2　訴訟物

債権者代位権が裁判上行使された場合の訴訟物は、債務者の相手方に対する被代位権利であり、債権者の債務者に対する債権の存在は当事者適格を基礎づけるための要件にすぎない（潮見・新債権総論Ⅰ652）。したがって、設例1のように、Aに対して売買契約に基づく代金債権を有するXが、ＡＹ間の金銭消費貸借契約に基づき、Yに対し貸金の返還を請求する場合の訴訟物は、AのYに対するＡＹ間の消費貸借契約に基づく貸金返還請求権であり、XのAに対する被保全債権の内容は、訴訟物を特定するための要素とはならない。

3　請求原因

(1)　要件事実

債権者は、自己の債権を保全するため必要があるときは、被代位権利を行使することができる（民法423条1項本文）。したがって、債権者が被代位権利を行使するためには、請求原因として、

① 被保全債権の発生原因事実
② 自己の債権を保全するため必要があること（債務者の無資力）
③ 被代位権利の発生原因事実

を主張立証する必要がある。

債権者代位訴訟は法定訴訟担当の一つであって、①及び②は当事者適

格（代位原因）を基礎づける事実であり（最判昭48.4.24民集27.3.596
[10]、最判昭55.7.11民集34.4.628[19]）、③が訴訟物である権利の発生
原因事実である（潮見・前掲653）。当事者適格の存在は訴訟要件である
が、①及び②についても、請求原因として摘示するのが通例である。

　設例1の場合において、売買契約の売主Xが買主Aに代位してYに対
し貸金の返還を請求するためには、Xは、請求原因として、

ⓐ　XがAとの間で売買契約を締結したこと

ⓑ　自己の債権を保全するため必要があること（Aの無資力）

ⓒ　AがYとの間で金銭の返還の合意をしたこと

ⓓ　AがYに対し金銭を交付したこと

ⓔ　AがYとの間で弁済期の合意をしたこと

ⓕ　ⓔの弁済期が到来したこと

を主張立証しなければならない。

(2)　被保全債権の発生原因事実

ア　債権者は、被代位権利を行使する場合において、被代位権利の目的
　　が可分であるときは、自己の債権の額の限度においてのみ、被代位権
　　利を行使することができる（民法423条の2）。設例1では、被代位権
　　利は金銭債権であって可分であるから、被代位権利の全額を行使する
　　ためには、被代位権利の額以上の額の被保全債権の発生原因事実を主
　　張立証する必要がある。

　　　なお、被保全債権は、被代位権利より前に発生している必要はない
　　から（最判昭33.7.15集民32.805）、その発生時期を時的要素として主
　　張立証する必要はない。この点において、詐害行為取消権に係る被保
　　全債権が、取り消されるべき行為の前の原因に基づいて生じたもので
　　なければならない（民法424条3項）のと異なる。

イ　債権者は、その債権の期限が到来しない間は、被代位権利を行使す
　　ることができないから（民法423条2項本文）、債権者代位権を行使す
　　るための要件として被保全債権の履行期が到来していることが必要で
　　ある。被保全債権の発生原因が売買型の契約である場合には、Xは
　　その発生原因事実だけを主張立証すれば足りる（弁済期の合意が抗弁

となる。）のに対し、被保全債権の発生原因が貸借型の契約である場合には、Xは弁済期の到来も主張立証しなければならない（34頁）。

　　なお、被保全債権に同時履行の抗弁権（民法533条）が付着している場合であっても、被保全債権が履行期にある以上、その保全のための代位行使は認められるから（星野・民法概論Ⅲ97）、ⓐによって被保全債権である代金債権に同時履行の抗弁権が付着していることが基礎づけられているからといって、Xは売買目的物の引渡し（の提供）をしたことを主張立証する必要はない。ただし、Xが、Yから金銭を受領し、当該金銭に係るAの返還請求権と被保全債権とを相殺する場合には（156頁）、自働債権である被保全債権に同時履行の抗弁権が付着しているため、同時履行の抗弁権の発生障害又は消滅原因となる事実が主張立証されない限り相殺が許されないことになる（34頁）。

ウ　設例1では、被保全債権の発生原因は売買契約であるから、ⓐを主張立証すれば足りる（2頁）。

(3)　自己の債権を保全するため必要があること（債務者の無資力）

　　債権者は、債務者の資力がその債権を弁済するについて十分でないときに限り、民法423条1項本文により、債務者の有する権利を行使することができる（最判昭40.10.12民集19.7.1777[75]、最判昭49.11.29民集28.8.1670[25]、我妻・債権総論160、潮見・前掲658、内田・民法Ⅲ[第4版]339、中田・債権総論[第4版]247）。その基準時は債権者代位権を行使する時点（事実審の口頭弁論終結時）である。無資力については、これを規範的要件とする見解もあるが（近藤「債権者代位権」民事要件事実講座3[民法Ⅰ]104等）、事実概念であると考えるのが相当であり、債務者の責任財産から被代位権利の金額を差し引いた残額が被保全債権の金額より少額であるという事実をいうと解される（枡田・最判解説昭40[75]387）。

　　設例1では、ⓑを主張立証することになる。

(4)　被代位権利の発生原因事実

　　ＡＹ間の消費貸借契約に基づき貸金の返還を請求するためには、ⓒからⓕまでが必要となる（28頁）。

Kg

X・A売買契約
A無資力
A・Y金銭返還合意
A→Y金銭交付
A・Y弁済期の合意
弁済期の到来

4　抗弁以下の攻撃防御方法

　　Xの請求原因に対してYが主張し得る抗弁としては、当事者適格（代位原因）に関するものとして、被保全債権の期限の合意、被保全債権の発生障害ないし消滅事由、被保全債権が強制執行により実現することのできないものであること、債務者による被代位権利の行使、被代位権利が債務者の一身に専属する権利又は差押えを禁じられた権利であることが考えられ、訴訟物に関するものとして、相手方が債務者に対して有する抗弁が考えられる。そこで、以下、これらの抗弁及びこれに関連する攻撃防御方法について、順次検討する。

(1)　被保全債権の期限の合意

　ア　期限の合意の抗弁

　　　前記のとおり、債権者は、その債権の期限が到来しない間は、被代位権利を行使することができない。したがって、被保全債権につき履行期が定められている場合には、Yは、抗弁として、

　　　　　　被保全債権につき履行期限の合意があること

　　を主張立証することができる（157頁）。

　イ　履行期限の到来の再抗弁

　　　このようなYの抗弁に対し、Xは、再抗弁として、

　　　　　　履行期限が到来したこと

　　を主張立証することができる。

　ウ　保存行為の再抗弁

　　また、債権者は、その債権の期限が到来しない間であっても、代位
行為が保存行為に当たる場合には、被代位権利を行使することができ
る（民法423条2項ただし書）。したがって、Xは、再抗弁として、

　　　代位行為が保存行為に当たること

を主張立証することができる。

　　もっとも、代位行為が保存行為に当たることは請求原因の段階で明
らかになっている場合も多いと考えられ、このような場合には、期限
の合意の抗弁が主張自体失当となる。

(2)　被保全債権の発生障害事由等

　　被保全債権は、債権者の当事者適格を基礎づけるために、債権者代位
権を行使する時点（事実審の口頭弁論終結時）で有効に存在している必
要があるから、被保全債権の発生を障害し又は消滅させる事由を抗弁と
して主張することができる。このような事由の典型例としては、債権の
発生原因である契約の取消し又は解除による債権の消滅、債権者に対す
る弁済等による債権の消滅などが挙げられる。

(3)　被保全債権が強制執行により実現することのできないものであるこ
と

　　債権者は、その債権が強制執行により実現することのできないもので
あるときは、被代位権利を行使することができない（民法423条3項）。

　　したがって、Yは、抗弁として、

　　　被保全債権が強制執行により実現することのできないものである
　　ことを基礎づける事実

を主張立証することができる。

　　もっとも、被保全債権が強制執行により実現することのできないもの
であることは請求原因の段階で明らかになる場合も多いと考えられ、こ
のような場合は、請求原因が主張自体失当となる。

(4)　債務者による被代位権利の行使

　ア　債務者が既に自ら被代位権利を行使している場合には、債権者は被
　　代位権利を行使することができない（最判昭28.12.14民集7.12.1386、
　　我妻・前掲166、潮見・前掲662、内田・前掲340、中田・前掲253）。

すなわち、債務者が被代位権利を行使していないことは、債権者代位権の実体法上の要件であり、これを欠く場合には、債権者は当事者適格（代位原因）を有しないことになる。そして、債務者が被代位権利を行使していないことは、債権者が主張立証責任を負うものではなく、債務者が被代位権利を行使したことが、相手方が主張立証責任を負う抗弁になると解すべきである（潮見・前掲653、内田・前掲340）。

イ　この要件の関係で、債権者が被代位権利を行使する訴え（債権者代位訴訟）が先行し、その後に債務者が被代位権利を行使する場合と、債務者が被代位権利を行使する訴え（以下「債務者訴訟」という。）が先行し、その後に債権者が代位権を行使する場合とについて検討する。

　まず、債権者代位訴訟が先行する場合には、後記のとおり、債権者による代位権の行使によっても被代位権利についての債務者の処分権限は失われないから（民法423条の5）、債務者は、被代位権利を行使することが可能である（163頁）。もっとも、債務者が別訴提起をすることは、重複起訴の禁止（民訴法142条）に抵触し、許されないから、債務者としては、債権者の被保全債権の存在を争わないときは、債権者代位訴訟に共同訴訟参加（民訴法52条）をすることになる。この場合における債権者代位訴訟の帰趨については見解が分かれている。当該訴訟が提起された時点において債務者の権利行使がされていなければ、債務者の権利不行使の要件を満たし、当該訴訟の提起後に債務者が債権者代位訴訟に共同訴訟参加したことは債権者代位訴訟における債権者の当事者適格に影響を及ぼさないとの見解（潮見・前掲700、中田・前掲260）に立つと、債務者の共同訴訟参加の事実は、先行する債権者代位訴訟における攻撃防御方法としては意味を有しないことになる。

　他方、債務者訴訟が先行する場合には、債権者が別訴提起をすることができないことは債権者代位訴訟先行の場合と同様であり、債務者訴訟に共同訴訟参加をすることができるかについては見解が分かれている。債務者訴訟が先行する場合には、もはや債務者の権利不行使の要件を満たさず、債権者は代位権を行使することができないとの見

解（内田・前掲340、中田・前掲261）に立つと、債権者は当事者適格
（代位原因）を欠き、債務者訴訟に共同訴訟参加をすることもできな
いことになる。

(5)　被代位権利が債務者の一身に専属する権利又は差押えを禁じられた権
利であること

　債権者は、被代位権利が債務者の一身に専属する権利又は差押えを禁
じられた権利である場合には、これを行使することができない（民法
423条1項ただし書）。

　したがって、Yは、抗弁として、

　　　被代位権利が債務者の一身に専属する権利又は差押えを禁じられ
　　た権利であることを基礎づける事実

を主張立証することができる。

　もっとも、被代位権利が債務者の一身に専属する権利又は差押えを禁
じられた権利であることは請求原因の段階で明らかになる場合も多いと
考えられ、このような場合は、Xは、債務者の一身に専属する権利で
なくなったことなどを併せて主張立証しない限り、請求原因が主張自体
失当となる。例えば、被代位権利が名誉毀損による慰謝料請求権である
場合には、請求原因として、同請求権の発生原因事実に加え、加害者と
の間で一定額の慰謝料支払を内容とする合意が成立したことなどの一身
専属性を喪失する事由を主張立証する必要がある（最判昭58.10.6民集
37.8.1041[26]）。

(6)　相手方が債務者に対して有する抗弁

ア　債権者が被代位権利を行使したときは、相手方は、債務者に対して
主張することができる抗弁をもって、債権者に対抗することができる
（民法423条の4）。債務者に対して主張することができる抗弁には、
被代位権利の発生を障害し、又は消滅させる事由のほか、その権利行
使を阻止する事由も含まれる。この抗弁に対しては、債権者は、債務
者が相手方に対して有する再抗弁を主張することができる。

　したがって、Xの請求原因の主張に対し、Yとしては、抗弁として、
例えば、YがAに対して弁済をしたことを主張することができ、この

場合には、Yは、

> YがAに対し、被代位権利につき、債務の本旨に従った給付を
> したこと

を主張立証すべきことになる（9頁）。

イ　債権者が被代位権利を行使した場合であっても、債務者は、被代位権利について、自ら取立てその他の処分をすることを妨げられず、この場合においては、相手方も、被代位権利について、債務者に対して履行をすることを妨げられない（民法423条の5）。改正法による改正前の民法下の判例（大判昭14.5.16民集18.557）は、債権者が代位行使に着手して、債務者にその事実を通知し、又は債務者がそのことを了知した場合には、債務者は被代位権利について取立てその他の処分をすることができないとしていたが、これを改めたものである。したがって、Xは、Yの弁済の抗弁に対し、Xが弁済に先立ち被代位権利を行使したことなどを主張しても、再抗弁としては主張自体失当である。

第3　登記又は登録の請求権を保全するための債権者代位訴訟

1　設例

次に、Xが、ある不動産につき、YからAに、次いでAからXに順次売買されたと主張して、Aに代位して、Yに対し、YからAに対する所有権移転登記手続を求める場合について検討する（設例2）。

【設例2】

（売買）　　　　　（売買）

Y ─────→ A ─────→ X

登記

2　訴訟物

この場合も、訴訟物は、債務者の相手方に対する被代位権利である。Xは、YとAとの間における売買契約に基づいてYからAに対する所有権移転登記手続を求めるのが通常であると考えられ、その場合の訴訟物は、A

のＹに対するＹＡ間の売買契約に基づく所有権移転登記請求権となる。

3　請求原因

(1)　要件事実

　　登記又は登録をしなければ権利の得喪及び変更を第三者に対抗することができない財産を譲り受けた者は、その譲渡人が第三者に対して有する登記手続又は登録手続をすべきことを請求する権利を行使しないときは、その権利を行使することができる（民法423条の7）。「登記又は登録をしなければ権利の得喪及び変更を第三者に対抗することができない財産を譲り受けた者」とは、登記又は登録の請求権を債務者に対して有している者を指す（潮見・前掲710）。そして、「その譲渡人が第三者に対して有する登記手続又は登録手続をすべきことを請求する権利を行使しないとき」との要件について、責任財産を保全するための債権者代位訴訟の場合（160頁）と同様に、相手方において、債務者が被代位権利を行使したことについての主張立証責任を負うと解すると、上記財産を譲り受けた者がその譲渡人に代位して譲渡人が第三者に対して有する登記手続又は登録手続をすべきことを請求する権利を行使するためには、請求原因として、

①　被保全債権（ある財産の登記又は登録の請求権）の発生原因事実

②　被代位権利（同一の財産の登記又は登録の請求権）の発生原因事実

を主張立証する必要がある。

　　この場合も、①が当事者適格（代位原因）を基礎づける事実であり、②が訴訟物である権利の発生原因事実である。登記又は登録の請求権を保全するための債権者代位訴訟の場合には、債権の保全と債務者の資力とは関係がないから、債務者の無資力は代位権行使の要件とはならない（潮見・前掲707、内田・前掲340、中田・前掲279）。

　　設例2の場合において、ＸがＡに代位してＹに対しＡへの所有権移転登記手続を請求するためには、Ｘは、請求原因として、

ⓐ　ＸがＡとの間で不動産の売買契約を締結したこと

ⓑ　ＡがＹとの間で同一の不動産の売買契約を締結したこと

を主張立証しなければならない。

(2)　被保全債権の発生原因事実

　　設例2のように、XがAから不動産を買い受けた場合には、売買契約に基づく所有権移転登記請求権が認められ、その発生原因事実としては、ⓐを主張立証すれば足り、売買契約締結時にAが目的物を所有していたことやA名義の登記が存在することを主張立証する必要はない（94頁）。

(3)　被代位権利の発生原因事実

　　Xは、被代位権利の発生原因事実として、ⓑを主張立証すれば足りることは、被保全債権の発生原因事実と同様である。

Kg

X・A売買契約
A・Y売買契約

4　抗弁以下の攻撃防御方法

　　Xの請求原因に対してYが主張し得る抗弁は、責任財産を保全するための債権者代位訴訟の場合（159頁）と同様であり、当事者適格（代位原因）に関するものとして、被保全債権の発生障害ないし消滅事由、債務者による被代位権利の行使などが考えられ、訴訟物に関するものとして、相手方が債務者に対して有する抗弁（民法423条の7後段、423条の4）が考えられる。

責任財産を保全するための債権者代位訴訟における典型的攻撃防御の構造

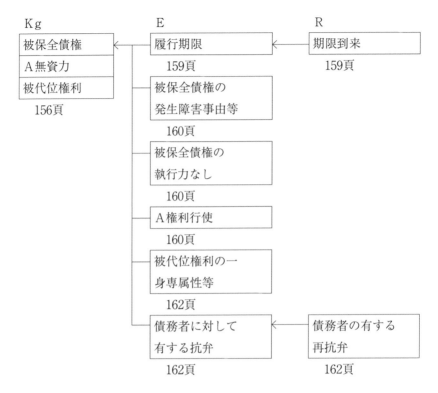

登記又は登録の請求権を保全するための債権者代位訴訟における典型的攻撃防御の構造

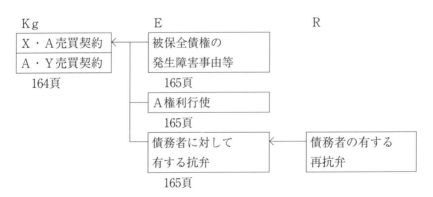

第9章　詐害行為取消訴訟

第1　はじめに

　　債権者は、債務者が債権者を害することを知ってした行為（以下「詐害行為」という。）の取消しを裁判所に請求することができる（民法424条）。

　　このような詐害行為取消訴訟の訴訟物及び攻撃防御の構造については、通常の契約当事者間における訴訟類型とは異なった観点からの考察が必要である。

　　そこで、このような詐害行為取消訴訟の類型について、訴訟物及び典型的な攻撃防御の構造を概観する。

第2　詐害行為取消権

1　詐害行為取消権の法的性質

　　詐害行為取消権の法的性質については、改正法による改正前の民法において、①詐害行為取消権の本質を、対象となる法律行為の効力の否定にあるとする形成権説、②詐害行為取消権の本質を、債務者の責任財産から逸出した財産の取戻しにあるとする請求権説、③法律行為の効力の否定と逸出した財産の取戻しの両者をもって詐害行為取消権の本質とする折衷説、④詐害行為取消権をもって強制執行可能な状態をもたらす責任的無効という法律効果を生ずる一種の形成権とみる責任説などの考え方があった。

　　判例・通説は、折衷説に立ち、詐害行為取消権とは、債務者がした詐害行為を取り消し、かつ、逸出した財産の取戻しを請求する制度、すなわち、詐害行為取消訴訟は、債務者がした詐害行為の取消しを求める形成訴訟としての性格と、逸出財産の返還を求める給付訴訟としての性格とを併有するものであると捉えていた（大判明44.3.24民録17.117ほか、我妻・債権総論172、奥田・債権総論[増補版]277）。

　　改正法による改正後の民法は、債権者は、債務者が債権者を害することを知ってした行為の取消しを裁判所に請求することができる（民法424条1項本文）とした上で、取消しとともに、その行為によって受益者に移転した財産の返還を請求できるとした（民法424条の6）。これは、上記の折衷説の

立場を基礎に据えることを明らかにしたものといえる（潮見・新債権総論Ⅰ 739、内田・民法Ⅲ［第4版］379、中田・債権総論［第4版］331）。

　もっとも、改正法による改正後の民法は、詐害行為取消請求を認容する確定判決の効力が債務者にも及ぶ（民法425条）とするなど、改正法による改正前の民法に関する判例とは異なる立場をとっていることに注意する必要がある。

2　詐害行為取消権の行使の方法等

　詐害行為取消権は、裁判上行使する必要がある（民法424条1項本文）。反訴により行使することはできるが、抗弁による行使はできないと解されている（潮見・前掲811、内田・前掲376、中田・前掲310。なお、改正法による改正前の民法下での最判昭39.6.12民集18.5.764［45］、最判昭40.3.26民集19.2.508［13］参照）。

　詐害行為取消訴訟の被告は、受益者に対する詐害行為取消請求に係る訴えについては受益者であり、転得者に対する詐害行為取消請求に係る訴えについては転得者である（民法424条の7第1項）。

　ただし、債権者は、詐害行為取消請求に係る訴えを提起したときは、遅滞なく、債務者に対し、訴訟告知をしなければならない（民法424条の7第2項）。

　債権者は、受益者・転得者に対する詐害行為取消請求において、債務者がした行為の取消しとともに、その行為によって受益者に移転した財産・転得者が転得した財産の返還を請求することができ、財産の返還が困難であるときは、その価額の償還を請求することができる（民法424条の6）。また、これらの返還の請求が金銭の支払又は動産の引渡しを求めるものであるときは、受益者・転得者に対し、自己に対して支払や引渡しをすることを求めることができる（民法424条の9第1項前段）。債権者が受益者・転得者から金銭を受領した場合、債務者の返還請求権と被保全債権とを相殺することにより、他の債権者に優先して自己の被保全債権を回収することができることになる（事実上の優先弁済。潮見・前掲823、829、内田・前掲387、中田・前掲324）。

　なお、債権者は、詐害行為取消請求をする場合において、債務者がした

行為の目的が可分であるときは、自己の債権の額の限度においてのみ、その行為の取消しを請求することができる（民法424条の8第1項）。

3　詐害行為取消権の行使の効果

　　詐害行為取消請求を認容する確定判決は、債務者及びその全ての債権者に対してもその効力を有する（民法425条）。

第3　詐害行為取消請求

1　設例

　　Aに対して、1000万円の売買代金債権を有するXが、AからA所有の甲土地の贈与を受けたYに対し、贈与契約の取消しと所有権移転登記の抹消登記手続を求める場合（なお、Aには、甲土地以外にみるべき資産がない。）について検討する（設例1）。

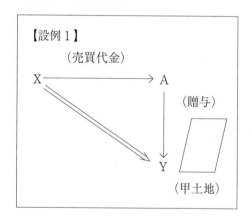

【設例1】

2　訴訟物

　　詐害行為取消権の制度は、債務者の一般財産を保全するため、詐害行為を取り消した上、債務者の一般財産から逸出した財産を取り戻すことができるとした制度である（前掲大判明44.3.24、最判平22.10.19集民235.93）ことからすると、取消しの請求と財産返還の請求は、一つの詐害行為取消権の内容であり、審理の対象たる訴訟物は、詐害行為取消権自体であると解される。

3　請求原因

(1)　要件事実

　　　債権者が詐害行為の取消しを求める場合、債権者は、請求原因として、

① 　被保全債権の発生原因事実

② 　債務者が財産権を目的とする行為をしたこと

③ 　①の債権が②の行為の前の原因に基づいて生じたこと

④ 　②の行為が債権者を害すること（債務者の無資力）

⑤ 　債務者の詐害の意思

を主張立証する必要がある。

(2)　被保全債権

ア　詐害行為取消請求をすることができるのは、債権者であるから（民法424条1項本文）、請求原因として、①のとおり、債務者に対する債権（被保全債権）の発生原因事実を主張立証する必要がある。

　　なお、債務者がした行為の目的が可分であるときは、債権者は自己の債権の額の限度においてのみ詐害行為取消請求をすることができるため（民法424条の8第1項）、Xは被保全債権の額を主張立証する必要があるが、通常は、被保全債権の発生原因事実を主張立証することにより、その債権額が明らかになる。

　　また、被保全債権が強制執行により実現することのできないものであるときは、詐害行為取消請求をすることができない（民法424条4項）が、被保全債権は、債権者がその発生原因事実を主張立証すれば、強制執行によって実現することのできるもの（執行力のあるもの）であることが現れるのが通常である（被保全債権の発生原因事実から執行力のないことが明らかな場合には、主張自体失当となる。）。そのため、通常は、受益者が、その例外として、当該債権についての不執行の合意などの執行力喪失事由を抗弁として主張立証する必要がある。

イ　設例1では、

ⓐ　XがAとの間で売買契約を締結したこと

を請求原因として主張立証することになる。

(3)　財産権を目的とする行為

ア　債務者が債権者を害することを知ってした行為（詐害行為）が詐害行為取消請求の対象となる（民法424条1項本文）ことから、②のとお

り、詐害行為取消請求の対象となる債務者の「行為」を請求原因として主張立証することになる。

　なお、民法424条1項の規定は、財産権を目的としない行為については、適用しない（同条2項）と規定されているが、責任財産の保全という詐害行為取消権制度の趣旨に鑑みると、この債務者の「行為」は債務者の責任財産に関する「行為」である必要があるから、詐害行為が財産権を目的とすることは請求原因として主張立証する必要がある（潮見・前掲763）。請求原因で債務者の行為が財産権を目的としない事実（典型例は、相続の承認・放棄である。）が現れていれば、その請求原因は主張自体失当となる。

イ　設例1では、

ⓑ　Aが、Yに対し、甲土地を贈与したこと

を請求原因として主張立証することになる。

　また、詐害行為取消請求は、詐害行為を取り消し、債務者の責任財産から逸出した財産を取り戻し、債権者にその債権の正当な弁済を受けさせることを目的とするから、詐害行為の当時その財産が債務者の所有に属していたことが要件となるので、

ⓒ　ⓑの当時、Aが甲土地を所有していたこと

も請求原因として主張立証することになる。

　さらに、設例1では贈与契約を詐害行為として、その取消しを求めているから、詐害行為の内容として登記がされた事実を主張立証する必要はないが、詐害行為により移転された登記の抹消登記手続を求める前提として、

ⓓ　Yが、ⓑに基づき、甲土地につき所有権移転登記を具備したこと

を請求原因として主張立証する必要がある。

(4)　被保全債権の発生時期

　ア　被保全債権は、詐害行為の前の原因に基づいて生じたものでなければならない（民法424条3項）。そのため、③のとおり、①の債権（被保全債権）が②の行為（詐害行為）の前の原因に基づいて生じたことを主張立証する必要がある。

　　他方、詐害行為取消請求をする際に、被保全債権の履行期が到来し
　ている必要はないとするのが判例・通説である（大判大9.12.27民録
　26.2096、我妻・前掲178、潮見・前掲746、内田・前掲364、中田・前
　掲285）。

　イ　設例1では、被保全債権は、売買契約に基づく売買代金債権である
　から、詐害行為の前の原因に基づいて生じたということは、売買契約
　の締結が詐害行為に先立つということである。

　　　したがって、

　　ⓔ　ⓐがⓑに先立つこと

　を請求原因として主張立証することになる（ただし、通常は、ⓐ及び
　ⓑを特定するための日時（時的因子）によって現れる。）。

(5)　詐害行為

　ア　債務者が債権者を害することを知ってした行為（詐害行為）が詐害
　行為取消請求の対象となる（民法424条1項本文）ことから、④のと
　おり、②の行為が債権者を害することを請求原因として主張立証する
　ことになる。

　　　「債権者を害する」（民法424条1項本文）とは、一般的に、債権者
　が十分な弁済を受けられなくなることであるから、無資力となること
　を意味すると解されている。無資力とは、債務超過（債務者が、その
　債務につき、その財産をもって完済することができない状態）になる
　ことを意味し、詐害行為によって無資力になる場合と、無資力の状態
　で詐害行為をする場合の双方が含まれる（内田・前掲366、中田・前
　掲293）。無資力については、これを規範的要件とする見解もあるが、
　事実概念と考えるのが相当である（158頁）。

　　　詐害行為となるためには、その行為の当時において無資力が要件と
　なるだけでなく、口頭弁論終結時においても無資力であることを要す
　るが（大判大15.11.13民集5.798）、請求原因としては詐害行為の当時
　無資力であることを主張立証すれば足り、その後に資力を回復したこ
　とが抗弁となる（大判大5.5.1民録22.829）。

　イ　設例1では、ⓐからⓒまで及びⓔに加え、

　　ⓕ　Aには、ⓑの当時、甲土地以外にみるべき資産がなかったこと
　　を請求原因として主張立証することになる。
(6)　詐害意思
　ア　詐害行為取消請求をするためには、「債務者が債権者を害すること
　　を知ってした」こと（詐害意思）が要件となっている（民法424条１
　　項本文）から、⑤のとおり、これを主張立証する必要がある。詐害意
　　思については、無資力であることを認識していれば足りるのか、債権
　　者を害する意思（害意）まで必要となるのか問題となるが、設例１
　　のような責任財産を減少させる行為に関しては、無資力すなわち債務
　　超過であることを認識していたことで足り、債権者を害する意思（害
　　意）までは不要と解されている（内田・前掲368）。なお、相当の対価
　　を得てした財産の処分行為等については、行為類型ごとの特則が置か
　　れている（民法424条の２第２号、民法424条の３第１項２号等）。
　イ　設例１では、
　　ⓖ　Aは、ⓑの際、これによって債権者を害することを知っていたこと
　　を請求原因として主張立証することになる。
(7)　設例１の請求原因（まとめ）
　　　設例１の場合において、XがYに対し、XのAに対する売買代金債権
　　を被保全債権として、ＡＹ間の贈与契約の取消しと所有権移転登記の抹
　　消登記手続を請求するためには、Xは、請求原因として、
　ⓐ　XがAとの間で売買契約を締結したこと
　ⓑ　Aが、Yに対し、甲土地を贈与したこと
　ⓒ　ⓑの当時、Aが甲土地を所有していたこと
　ⓓ　Yが、ⓑに基づき、甲土地につき所有権移転登記を具備したこと
　ⓔ　ⓐがⓑに先立つこと
　ⓕ　Aには、ⓑの当時、甲土地以外にみるべき資産がなかったこと
　ⓖ　Aは、ⓑの際、これによって債権者を害することを知っていたこと
　　を主張立証することになる。

Kg

被保全債権の発生原因事実
財産権を目的とする行為
被保全債権が詐害行為の前の原因に基づく
債権者を害すること
詐害の意思

4　抗弁以下の攻撃防御方法

(1)　受益者の善意

　受益者が詐害行為の時において、債権者を害することを知らなかったときは、詐害行為取消請求をすることができない（民法424条1項ただし書）。この点については、受益者において、善意を主張立証すべきである（最判昭37.3.6民集16.3.436[26]参照、我妻・前掲191、潮見・前掲742、内田・前掲373）。

　したがって、Xの請求原因の主張に対し、Yは、受益者の善意の抗弁として、

　　　Yは、詐害行為の際、詐害行為によってAの債権者を害することを知らなかったこと

を主張立証することができる。

(2)　詐害行為取消権の期間の制限

　ア　詐害行為取消請求に係る訴えは、債務者が債権者を害することを知って行為をしたことを債権者が知った時から2年を経過したときは、提起することができない（民法426条前段）。この期間の制限の性質を除斥期間と解すると、Xの請求原因の主張に対し、Yは、期間の制限の抗弁として、

　　①　Xは、Aが債権者を害することを知って贈与契約をしたことを知ったこと

　　②　①の時から2年の期間が経過したこと

　を主張立証することができる。

　　なお、この期間の制限の性質を訴訟要件と解すると、訴えを却下すべ

きこととなる。

イ　また、詐害行為の時から10年を経過したときも、同様である（同条後段）から、前記アと同様、この期間の制限の性質を除斥期間と解すると、Xの請求原因の主張に対し、Yは、期間の制限の抗弁として、

　　　詐害行為の日から10年の期間が経過したこと

を主張立証することができる。

(3)　資力の回復

前記3(5)アのとおり、債務者の資力が回復したことが抗弁となる。そして、行為の時点で債務者が無資力であったが、その後に資力が回復した場合には、その時点で詐害行為取消権は消滅し、さらにその後に無資力に陥ったとしても詐害行為取消権が復活することはないと解すべきである（大判昭12.2.18民集16.120、我妻・前掲184、潮見・前掲759、中田・前掲296）。そうすると、Xの請求原因の主張に対し、Yは、資力の回復の抗弁として、

　　　口頭弁論終結時までにAの資力が回復したこと

を主張立証することができる。

(4)　被保全債権の発生障害事由等

被保全債権の存在が訴訟物である詐害行為取消権の発生の要件であるから、相手方は、被保全債権の発生を障害し又は消滅させる事由を、抗弁として主張することができる。このような事由の典型例としては、債権の発生原因である契約の取消し又は解除による債権の消滅、債権者に対する弁済等による債権の消滅、被保全債権の譲渡による債権の喪失などが挙げられる。

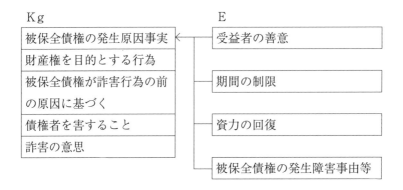

第4　相当の対価を得てした財産の処分行為の詐害行為取消請求

1　設例

　　Aに対して、2000万円の貸金債権を有するXが、AからA所有の甲土地（時価1000万円）を代金1000万円で買ったYに対し、売買契約の取消しと所有権移転登記の抹消登記手続を求める場合（なお、Aには、甲土地以外にみるべき資産がない。）について検討する（設例2）。

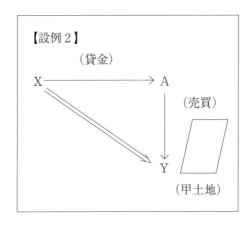

2　訴訟物

　　詐害行為取消権（169頁）

3　請求原因

（1）　法律要件

　債務者が相当な対価を得て財産を処分する行為は、直ちに債務者の責任財産の減少をもたらすものではないが、債務者が隠匿・費消しやすい財産に変更することで一般債権者のリスクが高まる。

　改正法による改正前の民法においても、判例は、不動産等を隠匿・費消しやすい金銭に換える相当価格処分行為には詐害性が認められるが、当該処分行為の目的・動機が正当なものである場合には詐害行為には当たらないとの立場をとっていた（大判明39.2.5民録12.136、大判明44.10.3民録17.538、最判昭41.5.27民集20.5.1004[44]、最判昭42.11.9民集21.9.2323[105]等参照）。

　改正法による改正後の民法424条の2は、相当の対価を得てした財産の処分行為は、次のアからウまでの全てに該当する場合に限り、詐害行為取消請求をすることができるとしており、民法424条の要件に加え、次のアからウまでが要件となる。

ア　不動産の金銭への換価その他の当該処分による財産の種類の変更により、債務者において隠匿、無償の供与その他の債権者を害することとなる処分（隠匿等の処分）をするおそれを現に生じさせるものであること（民法424条の2第1号）

イ　債務者が、その行為の当時、対価として取得した金銭その他の財産について、隠匿等の処分をする意思を有していたこと（同条2号）

ウ　受益者が、その行為の当時、債務者が隠匿等の処分をする意思を有していたことを知っていたこと（同条3号）

(2)　要件事実

　債権者が相当の対価を得てした財産の処分行為の取消しを求める場合、債権者は、請求原因として、

①　被保全債権の発生原因事実

②　債務者が相当の対価を取得して債務者の有する財産を処分する行為をしたこと

③　①の債権が②の行為の前の原因に基づいて生じたこと

④　②の行為が債権者を害すること（債務者の無資力）

⑤　②の行為が、不動産の金銭への換価その他の当該処分による財産の

種類の変更により、債務者において隠匿等の処分をするおそれを現に生じさせるものであること

⑥　債務者の詐害の意思

⑦　債務者が、②の行為の当時、対価として取得した金銭その他の財産について、隠匿等の処分をする意思を有していたこと

⑧　受益者が、②の行為の際、④を知っていたこと

⑨　受益者が、②の行為の際、⑦を知っていたこと

を主張立証する必要がある。

　　なお、多くの場合は、まず、財産処分行為が民法424条の詐害行為であることを主張して、同条に基づく詐害行為取消請求を行い、これに対して、受益者がその対価の相当性を主張した場合に、相当の対価を取得した財産処分行為であるとして、民法424条の2に基づく詐害行為取消請求を行うことになると考えられる。

(3)　被保全債権

　　相当の対価を得てした財産の処分行為の取消請求をすることができるのは、債権者であるから（民法424条の2柱書）、請求原因として、①のとおり、債務者に対する債権（被保全債権）の発生原因事実を主張立証する必要がある。

　　設例2では、XのAに対する貸金債権が被保全債権となっていることから、Xは、被保全債権の発生原因事実として、

ⓐ　XがAとの間で2000万円の返還の合意をしたこと

ⓑ　XがAに対し2000万円を交付したこと

を請求原因として主張立証する必要がある（なお、貸借型の契約にあっては、返還時期の合意は、単なる法律行為の付款ではなく、その契約に不可欠の要素であると解するいわゆる貸借型理論に立った場合には、弁済期の合意も契約の本質的要素であるから、契約成立の要件として弁済期の合意についても主張立証することになる（28頁）。）。詐害行為取消請求をする際に、被保全債権の履行期が到来している必要はない（172頁）。

(4)　相当の対価を得てした財産処分行為

　　債務者が、その有する財産を処分する行為をした場合において、受益者

から相当の対価を取得しているときは（民法424条の2柱書）、前記(1)ア
からウまでの全てに該当する場合に限り、詐害行為取消請求をすること
ができるのであるから、請求原因として、②のとおり、債務者が相当の
対価を取得して債務者の有する財産を処分する行為をしたことを主張立
証する必要がある。

　設例2では、AがYにA所有の時価1000万円の土地を代金1000万円で
売っていることから、

ⓒ　Aが、Yに対し、甲土地を時価である代金1000万円で売ったこと

を請求原因として主張立証することになる。

　また、詐害行為の当時その財産が債務者の所有に属していたことが要
件となるので（171頁）、

ⓓ　ⓒの当時、Aが甲土地を所有していたこと

も請求原因として主張立証することになる。

　さらに、設例2では売買契約を詐害行為として、その取消しを求めて
いるから、詐害行為の内容として登記がされた事実を主張立証する必要
はないが、詐害行為により移転された登記の抹消登記手続を求める前提
として、

ⓔ　Yが、ⓒに基づき、甲土地につき所有権移転登記を具備したこと

を請求原因として主張立証する必要がある。

(5)　被保全債権の発生時期

　被保全債権は、詐害行為の前の原因に基づいて生じたものでなけれ
ばならない（民法424条3項）から、③のとおり、①の債権（被保全債
権）が②の行為（詐害行為）の前の原因に基づいて生じたことを主張立
証する必要がある（171頁）。

　設例2では、

ⓕ　ⓐ・ⓑがⓒに先立つこと

を請求原因として主張立証する必要がある（ただし、通常は、ⓐ、ⓑ及
びⓒを特定するための日時（時的因子）によって現れる。）。

(6)　詐害行為、隠匿等の処分をするおそれを現に生じさせるものであるこ
と

前記(1)のとおり、民法424条の要件を満たす必要があることから、債権者が④を請求原因として主張立証する必要がある（172頁）。

また、これに加えて、前記(1)アのとおり、②の「行為」については、不動産の金銭への換価その他の当該処分による財産の種類の変更により、債務者において隠匿、無償の供与その他の債権者を害することとなる処分（隠匿等の処分）をするおそれを現に生じさせるものである必要があるため、債権者が⑤を請求原因として主張立証する必要がある。

④について、設例2では、Xは、ⓐからⓓまで及びⒻに加え、

ⓖ　Aには、ⓒの当時、甲土地以外にみるべき資産がなかったこと

を請求原因として主張立証する必要がある（172頁）。

他方、⑤については、ⓒ及びⓓの事実摘示により不動産の金銭への換価である事実が現れている。

(7)　債務者の詐害意思、隠匿等処分意思

前記(1)のとおり、民法424条の要件を満たす必要があることから、債権者が⑥を請求原因として主張立証する必要がある（173頁）。

また、前記(1)イのとおり、債務者が、その行為の当時、対価として取得した金銭その他の財産について、隠匿等の処分をする意思（隠匿等処分意思）を有していたことが要件となる。

したがって、債権者は、⑥に加え、請求原因として、⑦の債務者が②の行為の当時、対価として取得した金銭その他の財産について、隠匿等の処分をする意思を有していたことを請求原因として主張立証することになる。

設例2では、Xは、

ⓗ　Aは、ⓒの売買の際、これによって債権者を害することを知っていたこと

ⓘ　Aが、ⓒの当時、売買代金について、隠匿等の処分をする意思を有していたこと

を請求原因として主張立証することになる。

(8)　受益者の悪意

前記(1)ウのとおり、相当の対価を得てした財産の処分行為の取消請求

では、受益者がその行為の際、債務者が隠匿等の処分をする意思を有していたことを知っていたことを請求原因として主張立証する必要がある。

　したがって、債権者は、⑨のとおり、請求原因として、受益者が、②の行為の際、⑦を知っていたことを請求原因として主張立証することになる。

　また、民法424条に基づく詐害行為取消請求では、受益者が詐害行為の際、債権者を害することを知らなかったこと（受益者の善意）が抗弁となる（174頁）が、受益者の主観的要件について債権者が主張立証責任を負担するとしている民法424条の2の趣旨に照らせば、相当の対価を得てした財産の処分行為の取消請求では、債権者が⑧を請求原因として主張立証する必要があると解すべきである。

　設例2では、Xは、

ⓙ　Yは、ⓒの売買の際、これによって債権者を害することを知っていたこと

ⓚ　Yは、ⓒの売買の際、ⓘを知っていたこと

を請求原因として主張立証することになる。

(9)　設例2の請求原因（まとめ）

　設例2の場合において、XがYに対し、売買契約の取消しと所有権移転登記の抹消登記手続を求めるためには、Xは、請求原因として、

ⓐ　XがAとの間で2000万円の返還の合意をしたこと

ⓑ　XがAに対し2000万円を交付したこと

ⓒ　Aが、Yに対し、甲土地を時価である代金1000万円で売ったこと

ⓓ　ⓒの当時、Aが甲土地を所有していたこと

ⓔ　Yが、ⓒに基づき、甲土地につき所有権移転登記を具備したこと

ⓕ　ⓐ・ⓑがⓒに先立つこと

ⓖ　Aには、ⓒの当時、甲土地以外にみるべき資産がなかったこと

ⓗ　Aは、ⓒの売買の際、これによって債権者を害することを知っていたこと

ⓘ　Aが、ⓒの当時、売買代金について、隠匿等の処分をする意思を有していたこと

  ⓙ　Yは、ⓒの売買の際、これによって債権者を害することを知っていたこと

  ⓚ　Yは、ⓒの売買の際、ⓘを知っていたこと

 を主張立証しなければならない。

4　抗弁以下の攻撃防御方法

  期間の制限、資力の回復、被保全債権の発生障害事由等などの抗弁が考えられる（174頁以下）。

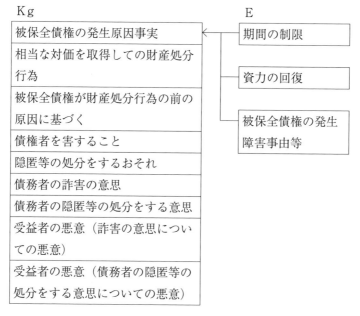

第5　既存の債務についての債務消滅行為の詐害行為取消請求

1　設例

  Aに対して、1000万円の貸金債権を有するXが、Aから商品の代金2000万円の弁済を受けたAの債権者Yに対し、弁済行為の取消しと弁済金の返還を求める場合（なお、Aには、Yに弁済した2000万円以外にみるべき資産がない。）について検討する（設例3）。

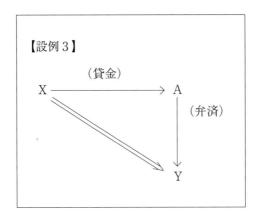

2　訴訟物

詐害行為取消権（169頁）

3　請求原因

(1)　法律要件

　　債務を弁済するのは債務者の義務であり、弁済しても責任財産が計算上減少するわけではない（弁済に充てられた金銭が減少するが、債務も減少する。）。改正法による改正前の民法においても、判例は、債権者平等の原則は破産手続開始の決定によって初めて生ずるものであるから、特定の債権者に対する弁済が他の債権者の共同担保を減少させる場合においても、その弁済は原則として詐害行為には当たらないが、債務者が特定の債権者と通謀し、他の債権者を害する意思をもってその弁済をした場合には詐害行為に当たるとしていた（最判昭33.9.26民集12.13.3022[104]参照）。

　　改正法による改正後の民法424条の3第1項は、債務者がした債務の消滅に関する行為について、次のア、イのいずれにも該当する場合に限り、詐害行為取消請求をすることができるとしており、民法424条の要件に加え、次のア、イが要件となる。

ア　債務者が支払不能の時に行われたものであること（民法424条の3第1項1号）

　　イ　債務者と受益者とが通謀して他の債権者を害する意図をもって行わ
　　　れたものであること（同項2号）
(2)　要件事実
　　債権者が既存の債務についての債務消滅行為の取消しを求める場合、
　債権者は、請求原因として、
　①　被保全債権の発生原因事実
　②　既存の債務の発生原因事実
　③　債務者が受益者に対し、債務の本旨に従った給付をしたこと
　④　③の給付が②の債務についてされたこと
　⑤　①の債権が③、④の債務消滅行為の前の原因に基づいて生じたこと
　⑥　③、④の債務消滅行為の当時、債務者が支払不能であったこと
　⑦　③、④の債務消滅行為が債権者を害すること
　⑧　債務者と受益者とが通謀して他の債権者を害する意図をもって③、
　　　④の債務消滅行為をしたこと
　を主張立証する必要がある。
(3)　被保全債権
　　既存の債務についての債務消滅行為の取消請求をすることができるの
　は、債権者であるから（民法424条の3第1項柱書）、請求原因として、
　①のとおり、債務者に対する債権（被保全債権）の発生原因事実を主張
　立証する必要がある。
　　設例3では、XのAに対する貸金債権が被保全債権となっていること
　から、Xは、被保全債権の発生原因事実として、
　ⓐ　XがAとの間で1000万円の返還の合意をしたこと
　ⓑ　XがAに対し1000万円を交付したこと
　を請求原因として主張立証する必要がある（178頁）。
(4)　既存の債務についての債務消滅行為
　　債務者がした既存の債務についての債務の消滅に関する行為は、前記
　(1)ア及びイの全てに該当する場合に限り、詐害行為取消請求をすること
　ができるのであるから（民法424条の3第1項）、請求原因として、債務
　者が既存の債務についての債務消滅行為をしたこと、すなわち、既存の

債務の発生原因事実及び債務消滅行為の事実を主張立証する必要がある。

　そこで、債権者は、②から④までを主張立証する必要がある（弁済の要件事実については、9頁参照）。

　設例3では、AはYから買った商品の代金を支払っていることから、既存の債務の発生原因事実として、

ⓒ　Yが、Aに対し、商品を代金2000万円で売ったこと

を請求原因として主張立証することとなり、債務消滅行為の事実として、

ⓓ　Aが、Yに対し、ⓒの商品の代金債務の履行として、2000万円を支払ったこと

を請求原因として主張立証することになる。

(5)　被保全債権の発生時期

　被保全債権は、詐害行為の前の原因に基づいて生じたものでなければならない（民法424条3項）から、⑤のとおり、①の債権（被保全債権）が③、④の債務消滅行為の前の原因に基づいて生じたことを主張立証する必要がある（171頁）。

　設例3では、Xは、

ⓔ　ⓐ・ⓑがⓓに先立つこと

を請求原因として主張立証する必要がある（179頁）。

(6)　詐害行為、支払不能

　前記(1)アのとおり、債務者が支払不能の時に行われたものであることが既存の債務についての債務消滅行為の取消請求の要件であるから、債権者は、請求原因として、⑥のとおり、③、④の債務消滅行為の当時、債務者が支払不能であったことを主張立証する必要がある。支払不能とは、債務者が、支払能力を欠くために、その債務のうち弁済期にあるものにつき、一般的かつ継続的に弁済することができない状態をいう（民法424条の3第1項1号）。

　また、無資力と支払不能は、債務者の換価困難な財産を考慮に入れるかどうかなどに違いがあることから（中田・前掲302参照）、「債権者を害する」（民法424条1項本文）の内容として、無資力も要件となり（172頁）、⑦のとおり、③、④の債務消滅行為が債権者を害することを主張立証する

　　必要がある。

　　　設例3では、Xは、⑥について、

　⑥　ⓓの当時、Aは支払不能であったこと

　を請求原因として主張立証するほか、⑦について、ⓐからⓔまでに加え、

　⑧　Aには、ⓓの当時、ⓓの2000万円以外にみるべき資産がなかったこ
　　と

　を請求原因として主張立証することになる。

(7)　通謀詐害意図

　　　前記(1)イのとおり、債務者と受益者とが通謀して他の債権者を害する
　意図をもって行われたものであることが要件となる。

　　　したがって、債権者は、⑧のとおり、債務者と受益者とが通謀して他
　の債権者を害する意図をもって③、④の債務消滅行為をしたことを主張
　立証する必要がある。なお、債務者の詐害意思の要件（民法424条1項
　本文、173頁）や受益者の主観的要件（債権者を害することについての
　悪意）は、⑧に包摂される。

　　　設例3では、

　ⓗ　AとYとが通謀して他の債権者を害する意図をもってⓓの弁済をし
　　たこと

　を請求原因として主張立証することになる。

(8)　設例3の請求原因（まとめ）

　　　設例3の場合において、XがYに対し、弁済行為の取消と弁済金の
　返還を求めるためには、Xは、請求原因として

　ⓐ　XがAとの間で1000万円の返還の合意をしたこと

　ⓑ　XがAに対し1000万円を交付したこと

　ⓒ　Yが、Aに対し、商品を代金2000万円で売ったこと

　ⓓ　Aが、Yに対し、ⓒの商品の代金債務の履行として、2000万円を支
　　払ったこと

　ⓔ　ⓐ・ⓑがⓓに先立つこと

　ⓕ　ⓓの当時、Aは支払不能であったこと

　ⓖ　Aには、ⓓの当時、ⓓの2000万円以外にみるべき資産がなかったこ

と
ⓗ　AとYとが通謀して他の債権者を害する意図をもってⓓの弁済をし
　　たこと
を主張立証しなければならない。

4　詐害行為取消しの範囲
　　債権者は、詐害行為取消請求をする場合において、債務者がした行為の
　目的が可分であるときは、自己の債権の額の限度においてのみ、その行為
　の取消しを請求することができる（民法424条の8第1項）。
　　したがって、設例3でXが取消しを請求することができるのは、1000万
　円の限度となる。

5　抗弁以下の攻撃防御方法
　　期間の制限、資力の回復、被保全債権の発生障害事由等などの抗弁が考
　えられる（174頁以下）。
　　また、支払不能であった時にされた詐害行為の後に、債務者の支払不能
　の状態が解消したときは、詐害行為取消権の要件を満たさないと解される
　ことから、Yは、支払不能状態の解消の抗弁として、
　　　　　　口頭弁論終結時までにAの支払不能状態が解消したこと
　を主張立証することができる。

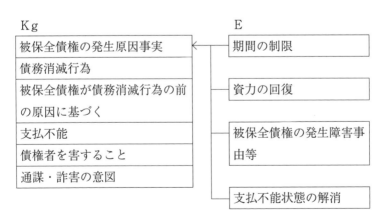

第6　受益者に移転した財産を転得した者がある場合の詐害行為取消請求
　1　設例

　Aに対して、1000万円の売買代金債権を有するXが、AからAの所有する甲土地（時価1000万円）の贈与を受けたY$_1$又はY$_1$から甲土地を買って登記を具備したY$_2$に対し、詐害行為取消請求をする場合（なお、Aには、甲土地以外にみるべき資産がない。）について検討する（設例4）。

　この場合、Xは、Y$_1$に対し、贈与契約の取消しと価額の償還を求めることが考えられる。また、Xは、Y$_2$に対し、贈与契約の取消しとAへの所有権移転登記手続を求めることが考えられる。

　そこで、順次検討する。

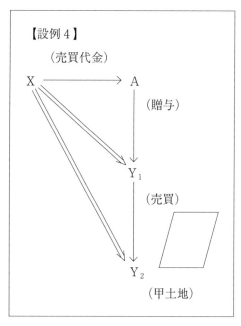

【設例4】

（売買代金）

X ──────→ A

（贈与）

Y$_1$

（売買）

Y$_2$

（甲土地）

2　受益者に対する詐害行為取消請求（価額償還請求）

(1)　訴訟物

　　詐害行為取消権（169頁）

(2)　価額償還請求の請求原因

　ア　債権者は、受益者に対する詐害行為取消請求において、債務者がした行為の取消しとともに、その行為によって受益者に移転した財産の返還を請求することができ（民法424条の6第1項前段）、受益者がその

財産の返還をすることが困難であるときは、債権者は、その価額の償還を請求することができる（同項後段）。

価額償還請求をする場合、債権者は、受益者がその財産の返還をすることが困難であることの主張立証責任を負うと解される。

また、価額償還請求をする場合、債権者は、価額償還に係る価額を主張立証する必要がある。この価額算定の基準時は、原則として取消訴訟の事実審口頭弁論終結時であるとするのが判例（最判昭50.12.1民集29.11.1847[60]）・通説である。

イ 債権者が受益者に対し贈与契約の取消しと価額の償還を求める場合、債権者は、請求原因として、前記第3の3(1)の①から⑤まで（170頁）に加えて、

⑥ 受益者がその財産の返還をすることが困難であること

⑦ 詐害行為取消しの対象となる財産の口頭弁論終結時の価額

を主張立証する必要がある。

ウ 設例4では、前記第3の3(7)の@から©まで及び@からⓖまで（173頁。ただし、YをY₁と読み替える。）に加えて、Y₁からY₂に所有権移転登記手続がされることにより甲土地の返還が困難となったといえるから、前記第3の3(7)の@及び

ⓗ 甲土地につきY₁からY₂に所有権移転登記手続がされたこと

を請求原因として主張立証するとともに、

ⓘ 甲土地の（口頭弁論終結時の）価額は1000万円であること

を請求原因として主張立証する必要がある。

(3) 抗弁以下の攻撃防御方法

受益者の善意、期間の制限、資力の回復、被保全債権の発生障害事由等などの抗弁が考えられる（174頁以下）。

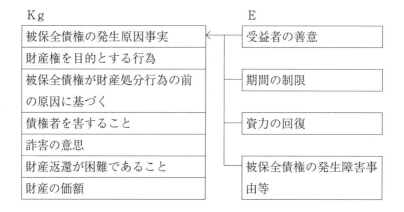

Kg

| 被保全債権の発生原因事実 |
| 財産権を目的とする行為 |
| 被保全債権が財産処分行為の前の原因に基づく |
| 債権者を害すること |
| 詐害の意思 |
| 財産返還が困難であること |
| 財産の価額 |

E

| 受益者の善意 |
| 期間の制限 |
| 資力の回復 |
| 被保全債権の発生障害事由等 |

3　転得者に対する詐害行為取消請求

(1)　訴訟物

　　詐害行為取消権（169頁）

(2)　請求原因

　ア　債権者は、受益者に移転した財産を受益者から転得した者（転得者）があるときには、㋐受益者に対して詐害行為取消請求をすることができる場合であり、かつ、㋑転得者が、転得の当時、債務者がした行為が債権者を害することを知っていた場合に、詐害行為取消請求をすることができる（民法424条の5第1号）。

　イ　したがって、債権者が転得者に対し、詐害行為取消請求をする場合、債権者は、請求原因として、前記第3の3(1)の①から⑤まで（170頁）に加えて、

　　⑥　転得者が受益者に移転した財産を受益者から転得したこと

　　⑦　転得者が、⑥の際、②の行為が債権者を害することを知っていたこと

　　を主張立証する必要がある。

　　　設例4では、第3の3(7)のⓐからⓒまで及びⓔからⓖまで（173頁。ただし、YをY₁と読み替える。）に加えて、

　　ⓗ　Y₁がY₂との間で甲土地の売買契約を締結したこと

　　ⓘ　Y₂が、ⓗの際、ⓑが債権者を害することを知っていたこと

を請求原因として主張立証する必要がある。

　また、詐害行為及び転得によりY₂に移転された登記についてAへの所有権移転登記手続を求める前提として、第3の3(7)のⓓ及び

ⓙ　Y₂が、ⓗに基づき、甲土地につき所有権移転登記を具備したことを請求原因として主張立証する必要がある。

(3)　抗弁以下の攻撃防御方法

　受益者の善意、期間の制限、資力の回復、被保全債権の発生障害事由等などの抗弁が考えられる（174頁以下）。

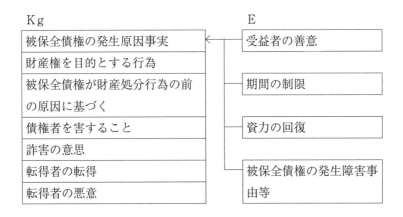

Kg	E
被保全債権の発生原因事実	受益者の善意
財産権を目的とする行為	
被保全債権が財産処分行為の前の原因に基づく	期間の制限
債権者を害すること	資力の回復
詐害の意思	
転得者の転得	被保全債権の発生障害事由等
転得者の悪意	

詐害行為取消訴訟における典型的攻撃防御の構造

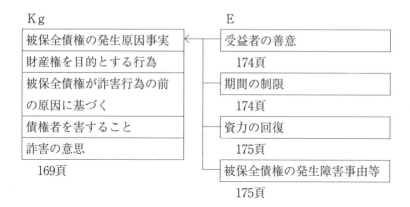

相当の対価を得てした財産の処分行為の詐害行為取消請求

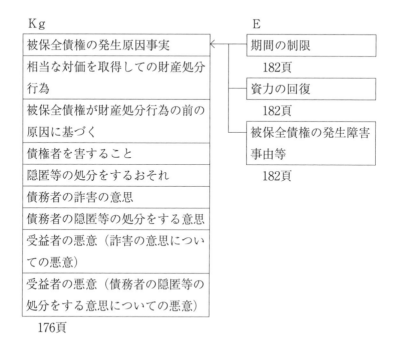

既存の債務についての債務消滅行為の詐害行為取消請求

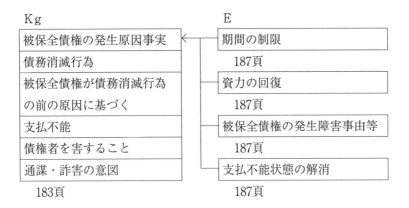

Kg
| 被保全債権の発生原因事実 |
| 債務消滅行為 |
| 被保全債権が債務消滅行為の前の原因に基づく |
| 支払不能 |
| 債権者を害すること |
| 通謀・詐害の意図 |

183頁

E
| 期間の制限 |
187頁
| 資力の回復 |
187頁
| 被保全債権の発生障害事由等 |
187頁
| 支払不能状態の解消 |
187頁

受益者に対する価額償還請求

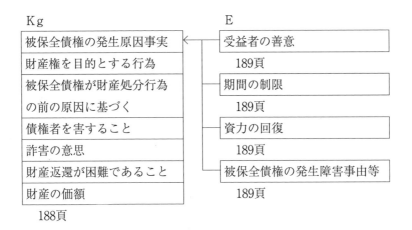

Kg
| 被保全債権の発生原因事実 |
| 財産権を目的とする行為 |
| 被保全債権が財産処分行為の前の原因に基づく |
| 債権者を害すること |
| 詐害の意思 |
| 財産返還が困難であること |
| 財産の価額 |

188頁

E
| 受益者の善意 |
189頁
| 期間の制限 |
189頁
| 資力の回復 |
189頁
| 被保全債権の発生障害事由等 |
189頁

転得者に対する詐害行為取消請求

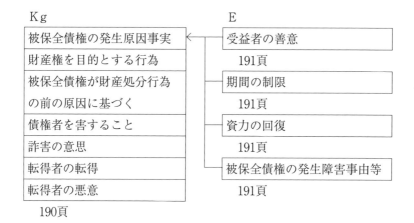

Kg

被保全債権の発生原因事実
財産権を目的とする行為
被保全債権が財産処分行為
の前の原因に基づく
債権者を害すること
詐害の意思
転得者の転得
転得者の悪意

190頁

E

受益者の善意
191頁
期間の制限
191頁
資力の回復
191頁
被保全債権の発生障害事由等
191頁

第10章　請負関係訴訟

第1　はじめに

　　請負契約には多様なものがあり、請負契約に関する訴訟も報酬請求訴
訟、損害賠償請求訴訟、不動産の所有権の帰属をめぐる訴訟など様々であ
るが、建物建築やシステム開発に係る請負契約に関する訴訟では、報酬
額、仕事の完成、仕事の目的物が契約の内容に適合するかなどをめぐって
審理が複雑化することがある。

　　ここでは、請負人が注文者に対して請負契約に基づき報酬の支払を求め
る場合、注文者が請負人に対して仕事の目的物の契約不適合を理由とする
債務不履行に基づく損害賠償を求める場合、注文者が新築建物の保存登記
をした請負人に対して所有権に基づく建物保存登記抹消登記手続を請求す
る訴訟において請負契約が建物の所有権取得原因として主張された場合を
例として、その訴訟物及び典型的な攻撃防御の構造を概観する。

第2　報酬請求

1　設例

　　まず、請負人Xが注文者Yに対して請負契約に基づき報酬の支払を求め
る場合について検討する（設例1）。

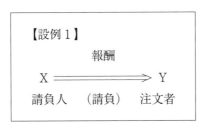

```
【設例1】
            報酬
  X ━━━━━━━━━━━▶ Y
  請負人　（請負）　注文者
```

2　訴訟物

　　設例の場合の訴訟物は、請負契約に基づく報酬請求権である。附帯請求
として遅延損害金が請求される場合の訴訟物は、履行遅滞に基づく損害賠
償請求権である。

3　請求原因

(1)　報酬請求

　　　請負人Ｘが注文者Ｙに対し、請負契約に基づき報酬の支払を請求する
　　場合、Ｘは請求原因として、
　　①　ＸがＹとの間で請負契約を締結したこと
　　②　Ｘが仕事を完成したこと
　　を主張立証する必要がある。

　　ア　報酬額

　　　　請負契約は、仕事を完成すること及びその仕事の結果に対して報酬
　　　を支払うことを合意することによって成立するから（民法632条）、請
　　　負契約が成立するためには、完成すべき仕事が確定していることのほ
　　　か、報酬額又は報酬額の決定方法が確定していることが必要であると
　　　解される。

　　　　報酬の定め方は一様ではなく、［ａ］報酬額が確定している場合（定
　　　額請負）のほか、［ｂ］概算額を定め、実費等に応じて報酬額の増額、
　　　減額のいずれか又はその両方を認める場合（概算請負）、［ｃ］報酬額の
　　　定めがない場合があるが（我妻・債権各論中二602、643、山本・民法
　　　講義Ⅳ-1 647等）、上記のとおり報酬額の決定方法が確定していること
　　　が必要であるとすると、［ｃ］の場合は、実費、仕事の内容等に応じた
　　　相当額の報酬を支払うとの合意がある場合であると解することになる。

　　　　報酬請求では、具体的な報酬額を主張立証する必要があるところ、
　　　［ａ］の場合、①の請負契約の内容として具体的な報酬額を主張立証す
　　　れば足りるが、［ｂ］の場合、①の請負契約の内容として概算額を定め
　　　たことに加え、請求額が、概算額の趣旨、概算額からの増減額など
　　　に照らして相当であることを、［ｃ］の場合、①の請負契約の内容に加
　　　え、請求額が、実費、仕事の内容等に照らして相当であることを、そ
　　　れぞれ主張立証する必要がある。

　　イ　報酬債権の発生時期及び報酬の支払時期

　　　　請負契約に基づく報酬債権は仕事完成時に発生するという見解があ
　　　るが、請負契約の成立と同時に発生するというのが判例通説である（大

判昭5.10.28民集9.1055参照、我妻・前掲647等）。もっとも、請負契約に基づく報酬は、仕事の完成後でなければ請求することができないのが原則であるから（民法633条、624条1項参照）、報酬を請求するために、仕事の完成を主張立証する必要がある。仕事の完成とは、予定された最後の工程まで仕事が終了したことをいうと解される（予定工程終了説）。

　ただし、建物建築請負契約における建物の上棟時に中間金を支払う旨の特約など、報酬の全部又は一部について仕事の完成前に支払うとの前払の特約がある場合には、②に代えて、②'当該前払の特約とそれに定められた支払時期の到来を主張立証することにより、仕事の完成前に報酬の全部又は一部を請求することができる。

　なお、請求原因において、請負契約の締結を主張する際に、請負契約が仕事の目的物の引渡しを要するものであることが現れた場合（例えば、建物の新築工事の請負契約の締結を主張することにより、完成した建物について注文者への引渡しを要することも現れるといえる。）、目的物の引渡しは、報酬の支払と同時履行の関係に立つが（民法633条本文）、請求原因においてこれを主張立証する必要はなく、同時履行の抗弁に対する反対給付の履行の再抗弁に位置付けられる。

ウ　危険負担

　請負人は、仕事を完成することができなくなった場合であっても、それが注文者の責めに帰すべき事由によるときは、民法536条2項前段により、注文者に請負契約に基づく報酬全額を請求することができる（最判昭52.2.22民集31.1.79[5]参照）。したがって、Xは、仕事の完成が不能となった場合であっても、請求原因として、

①　XがYとの間で請負契約を締結したこと
②　Xが仕事を完成することができなくなったこと
③　②がYの責めに帰すべき事由によること

を主張立証することにより、請負契約に基づく報酬全額を請求することができる。

　このような場合、Xは、通常、仕事を完成させるために必要であった

費用、労力等を免れ、同項後段の利益償還債務を負うことになるから、Yは、相殺の抗弁として、

①　Xが仕事完成義務を免れたことによる利益の存在及びその数額（自働債権である利益償還請求権の発生原因事実）

②　受働債権（請求債権）につきYがXに対し一定額について相殺の意思表示をしたこと

を主張立証することにより、利益償還請求権の限度で支払を免れることができる。

(2)　遅延損害金請求

請負人Xが注文者Yに対し、遅延損害金を請求する場合、Xは、請求原因として、

①　XがYとの間で請負契約を締結したこと

②　Xが仕事を完成したこと

③　報酬支払債務の履行期が経過したこと

④　損害の発生とその数額

を主張立証することになる。

①、②により、Xが、Yに対し、報酬請求をすることができる状態になったことが現れることになる（上記(1)イ参照）。

③については、履行期の種類によって異なるが、例えば、確定期限が定められている場合には、確定期限の合意をしたこと及びその期限の経過（民法412条１項）を主張立証する必要がある（４頁）。

④については、法定利率の割合による遅延損害金を請求する場合、③の時期以降の期間の経過のみが要件事実となるが、摘示を省略するのが通常である（４頁）。これに対し、法定利率を超える遅延損害金を請求する場合、その法定利率を超える遅延損害金の利率を合意したことを主張立証する必要がある（32頁）。

なお、請求原因において、請負契約の締結を主張する際に、請負契約が仕事の目的物の引渡しを要するものであることが現れた場合、報酬の支払と仕事の目的物の引渡しが同時履行の関係に立つこと（民法633条本文）が明らかとなるから、①から④までに加えて、XがYに対して請負契約に

基づき目的物の引渡しの提供をしたことを主張立証する必要がある（4頁）。

4　抗弁以下の攻撃防御方法

(1)　同時履行−引渡しとの同時履行

　　請負契約に基づく報酬の支払は仕事の目的物の引渡しと同時履行の関係に立つから（民法633条本文）、請負契約が目的物の引渡しを要する場合、注文者は、請負人が目的物を引き渡すまで報酬の支払を拒絶することができる。

　　そこで、Yは、Xの報酬請求に対し、

①　請負契約が目的物の引渡しを要するものであること

を主張立証した上、

②　Xが目的物の引渡しをするまで報酬の支払を拒絶する

との権利主張を同時履行の抗弁として主張することができる。もっとも、請求原因において①が現れた場合、②の権利主張をすれば足りる。

　　これに対し、Xは、目的物の引渡し前に報酬を支払う旨の先履行の合意の再抗弁及び反対給付の履行の再抗弁を主張立証することができる（8頁）。

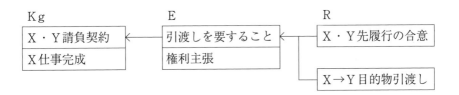

(2)　同時履行−契約不適合を理由とする修補との同時履行

　ア　同時履行の抗弁

　　　例えば、請負契約が目的物の引渡しを要するものであり、Yが引渡しを受けた目的物が種類又は品質に関して契約の内容に適合しないものであった場合を例とすると、Yは、Xに対し、引き渡された目的物の修補を請求することができる（民法559条、562条1項本文）。この修補請求権は、報酬請求権と同時履行の関係に立つ（民法533条本文）と解する見解が一般的であるから、Yは、Xが目的物を修補するまで報酬の支払を拒絶することができる。

そこで、Yは、Xの報酬請求に対し、契約不適合を理由とする修補請求権の発生原因として、

①　XがYに対して請負契約に基づき目的物を引き渡したこと

②　引渡し当時、①の目的物が種類又は品質に関して請負契約の内容に適合しないものであったこと

を主張立証し、

③　Xが目的物の契約不適合について修補をするまで報酬の支払を拒絶する

との権利主張を同時履行の抗弁として主張することができる。①及び②が必要となるのは売買の目的物の契約不適合と同様である（14頁）。なお、予定工程終了説によれば、完成した仕事の目的物が請負契約の内容に適合しないことがあり得るため、請求原因における仕事の完成と②が両立する。

契約不適合を理由とする修補請求権と後記(3)の債務不履行に基づく損害賠償請求権は選択債権の関係にあると考える見解（改正前民法に関する文献として、山本・前掲686、我妻・前掲638等）によれば、選択権は相手方に対する意思表示によって行使する必要があるため（民法407条１項）、上記①から③までに加えて、

④　Yが、Xに対し、修補請求権を選択するとの意思表示をしたことが必要となる。もっとも、この見解に立つ場合でも、実務上は、③の権利主張に④の趣旨も含まれていると解することができよう（後記(3)、(4)、第４の３についても同じ）。

イ　請負人の担保責任制限の再抗弁

請負人が種類又は品質に関して契約の内容に適合しない仕事の目的物を注文者に引き渡したとしても、注文者は、注文者の供した材料の性質又は注文者の与えた指図によって生じた不適合を理由として、修補請求をすることができない（民法636条本文）。

そこで、Xは、請負人の担保責任制限の再抗弁として、

[A]目的物の契約不適合がYの提供した材料の性質により生じたこと又は、

［B］目的物の契約不適合がYの与えた指図により生じたこと
を主張立証することができる。

　もっとも、請負人が、材料又は指図が不適当であることを知りながら
告げなかったときは、修補請求を妨げられない（民法636条ただし書）。

　そこで、Yは、［A］に対する再々抗弁として、Yの提供した材料が
不適当であること及び材料の変更可能な時期までにXがこれを知って
いたことを主張立証することができ、Xは、再々々抗弁として、Yに
対し、材料の変更可能な時期までに、提供した材料が不適当であるこ
とを告げたことを主張立証することができる。

　また、Yは、［B］に対する再々抗弁として、Yの与えた指図が不適
当であること及び指図の変更可能な時期までにXがこれを知ってい
たことを主張立証することができ、Xは、再々々抗弁として、Yに対
し、指図の変更可能な時期までに、与えた指図が不適当であることを
告げたことを主張立証することができる。

　なお、［A］、［B］のいずれにも該当しない場合であっても、目的物
の契約不適合が注文者の責めに帰すべき事由によるものであるとき
は、注文者は修補請求をすることができないから（民法559条、562条
2項）、Xは、再抗弁として、［A］、［B］以外のYの帰責事由を主張
立証することができる。

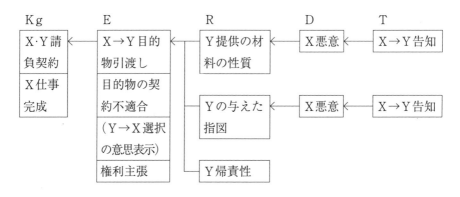

(3)　同時履行 - 契約不適合を理由とする債務不履行に基づく損害賠償との同時履行

　ア　同時履行の抗弁

　　　前記(2)で挙げた、Yが引渡しを受けた仕事の目的物が種類又は品質に関して契約の内容に適合しない例においては、Yは、Xに対し、債務不履行に基づく損害賠償を請求することができる（民法559条、562条、564条、415条1項）。この損害賠償請求権は、報酬請求権と同時履行の関係に立つ（民法533条本文）と解されるから、Yは、損害の賠償を受けるまでは報酬全額の支払を拒絶することができ、履行遅滞による責任も負わないと解される（最判平9.2.14民集51.2.337[9]参照）。

　　　そこで、Yは、Xの報酬請求に対して、契約不適合を理由とする債務不履行に基づく損害賠償請求権の発生原因として、

　　①　XがYに対して請負契約に基づき目的物を引き渡したこと

　　②　引渡し当時、①の目的物が種類又は品質に関して請負契約の内容に適合しないものであったこと

　　③　損害の発生及びその数額

　　を主張立証し、

　　④　Xが①から③までに基づく損害賠償金の支払をするまで報酬の支払を拒絶する

　　との権利主張を同時履行の抗弁として主張することができる。

　イ　信義則違反の再抗弁

　　　契約不適合の程度や各契約当事者の交渉態度等に鑑み、上記損害賠償請求権をもって報酬全額の支払を拒絶することが信義則に反すると認められるときは、同時履行を主張することが否定されると解される（前掲最判平9.2.14参照）。

　　　そこで、Xは、再抗弁として、

　　　　Yが報酬全額の支払を拒絶することが信義則に反することの評価根拠事実

　　を主張立証することができる。

ウ　請負人の帰責事由不存在の再抗弁

　　債務の不履行が契約その他の債務の発生原因及び取引上の社会通念
　に照らして債務者の責めに帰することができない事由によるものであ
　るときは、債権者は、債務不履行に基づく損害賠償を請求することが
　できない（民法415条1項ただし書）から、Ｘは、これを再抗弁とし
　て主張立証することができる。

　　このほか、Ｘは、再抗弁として、請負人の担保責任制限（民法636
　条本文。前記(2)イ）を主張立証することができる。

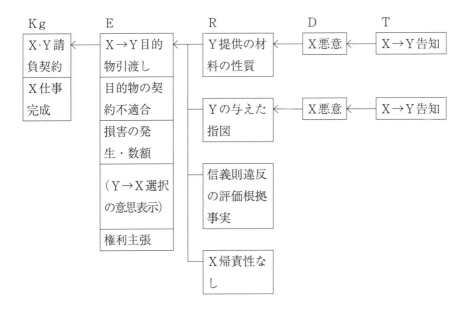

(4)　相殺－契約不適合を理由とする債務不履行に基づく損害賠償請求権を
　　自働債権とする相殺

　ア　相殺の抗弁

　　　前記(3)のとおり、Ｙが引渡しを受けた仕事の目的物が種類又は品質
　　に関して契約の内容に適合しない例においては、Ｙは、Ｘに対する債
　　務不履行に基づく損害賠償請求権を取得する。

　　　そこで、Ｙは、Ｘの報酬請求に対し、上記損害賠償請求権を自働債権

とする相殺の抗弁として、

① 　XがYに対して請負契約に基づき目的物を引き渡したこと

② 　引渡し当時、①の目的物が種類又は品質に関して請負契約の内容に適合しないものであったこと

③ 　損害の発生及びその数額

④ 　受働債権（請求債権）につき、YがXに対して一定額について相殺の意思表示をしたこと

を主張立証することができる（34頁）。

　①から③までが自働債権である上記損害賠償請求権の発生原因事実である。自働債権に抗弁権が付着している場合、その存在効果として相殺が許されない（34頁）ところ、前記(3)アのとおり、上記損害賠償請求権と報酬請求権とは同時履行の関係に立つが、これら両請求権については、相殺により清算的調整を図ることが当事者双方の便宜と公平にかなうから、相殺が許される（最判昭53.9.21集民125.85参照）。

　また、Xが請負契約に基づく報酬請求訴訟（設例１）を提起した後、Yが反訴として同契約の目的物の契約不適合を理由とする債務不履行に基づく損害賠償請求訴訟（後記第４の設例３）を提起した場合、Yが本訴において上記相殺の抗弁を主張することは許される。Yが、異なる意思表示をしない限り、反訴は、反訴請求債権につき本訴において相殺の自働債権として既判力ある判断が示された場合にはその部分については反訴請求としない趣旨の予備的反訴に変更されることになると解され、重複起訴（民訴法142条）の問題は生じないからである（最判平18.4.14民集60.4.1497[22]参照）。他方、Yが上記損害賠償請求訴訟を提起した後、Xが反訴として上記報酬請求訴訟を提起した場合も、Yが反訴において上記相殺の抗弁を主張することは、重複起訴を禁じた民訴法142条の趣旨に反するものとはいえず、許される（最判令2.9.11民集74.6.1693参照）。

　なお、相殺によって上記損害賠償請求権が相殺適状時に遡って消滅したとしても、相殺の意思表示をするまで注文者がこれと同時履行の関係にある報酬債務の全額について履行遅滞による責任を負わなかったと

第10章　請負

いう効果に影響はないから、注文者は、請負人に対する相殺後の報酬
残債務について、相殺の意思表示をした日の翌日から履行遅滞による責
任を負うものと解される（最判平9.7.15民集51.6.2581[39]参照）。

イ　期間制限の再抗弁

　請負人が種類又は品質に関して契約の内容に適合しない仕事の目的
物を注文者に引き渡した場合において、注文者がその不適合を知った
時から1年以内にその旨を請負人に通知しないときは、注文者は、損
害賠償の請求をすることができなくなる（民法637条1項）。この通知
については、通知したことの主張立証責任を注文者が負うと解される
から、Xは、期間制限の再抗弁として、

①　Yが目的物の契約不適合を知ったこと

②　①の時期から1年が経過したこと（最終日の経過）

を主張立証することができる（民法637条1項）。

　もっとも、期間制限の再抗弁については、その期間経過前に請負契
約に基づく報酬請求権と契約不適合を理由とする債務不履行に基づく
損害賠償請求権とが相殺適状に達していたときには、民法508条の類
推適用により、上記期間経過後であっても、注文者は、上記損害賠償
請求権を自働債権とし報酬請求権を受働債権として相殺することがで
きると解される（最判昭51.3.4民集30.2.48[3]参照）。引渡しを要す
る請負契約にあっては、仕事の目的物の引渡しにより上記損害賠償請
求権が発生し（最判昭54.3.20集民126.277参照）、かつ、報酬を支払
わなければならなくなる（民法633条本文）から、請求原因及び抗弁
により、上記期間経過前に相殺適状に達していたことが現れており、
報酬の弁済期を上記期間経過後とする合意があるなどの事情がない限
り、期間制限の再抗弁は主張自体失当になろう。

　なお、期間制限の再抗弁が主張自体失当とはならない場合には、Y
は、再々抗弁として、Yがその不適合を知った時から1年以内にその
旨をXに通知したことを主張立証することができる。また、この場合
には、Yは、再々抗弁として、Xが引渡しの時に目的物の種類又は品
質に関する不適合を知っていたこと、又は、Xが引渡しの時にその不

適合を知らなかったことにつき重大な過失があったことの評価根拠事実を主張立証することができる（民法637条2項）。

　このほか、Xは、再抗弁として、請負人の担保責任制限（民法636条本文。前記(2)イ）、請負人の帰責事由不存在（民法415条1項ただし書。前記(3)ウ）などを主張立証することができる。

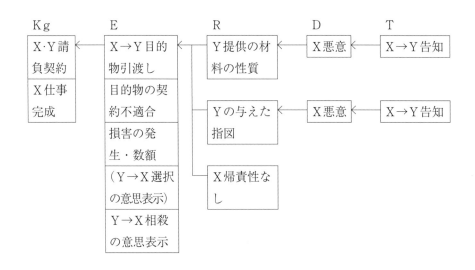

(5)　代金減額請求

　前記(2)で挙げた、Yが引渡しを受けた仕事の目的物が種類又は品質に関して契約の内容に適合しない例においては、Yは、Xに対し、相当の期間を定めて修補（履行の追完）の催告をし、その期間内に履行の追完がないときは、その不適合の程度に応じて代金の減額を請求することができる（民法559条、563条1項、562条1項本文）。

　そこで、Yは、Xの報酬請求に対し、契約不適合を理由とする代金減額請求の抗弁として、

①　XがYに対して請負契約に基づき目的物を引き渡したこと

②　引渡し当時、①の目的物が種類又は品質に関して請負契約の内容に適合しないものであったこと

③　YがXに対して修補（履行の追完）をするよう催告したこと

④　③の催告後相当期間が経過したこと

⑤　YがXに対して②を理由とする代金減額の意思表示をしたこと

⑥　減額されるべき報酬額

を主張立証することができる。

　履行の追完がないことについては、請負人に履行の追完についての主張立証責任があると解すべきであり、履行の追完の催告に相当の期間を定めなかった場合でも、催告として有効であると解されるから、催告に相当の期間を定めたことは要件事実ではなく、③及び④のとおり、Yとしては修補（履行の追完）の催告と催告後相当期間の経過を主張立証すれば足りる（12頁）。

　代金減額請求権は、形成権であるから、⑤のとおり、相手方に対する意思表示によって行使する必要があり、⑥のとおり、減額されるべき報酬額を具体的に主張立証する必要がある。

　これに対し、Xは、再抗弁として、請負人の担保責任制限（民法636条本文。前記(2)イ）、注文者の帰責事由（民法559条、563条3項。前記(2)イ）、期間制限（民法637条1項。前記(4)イ）などを主張立証することができる。

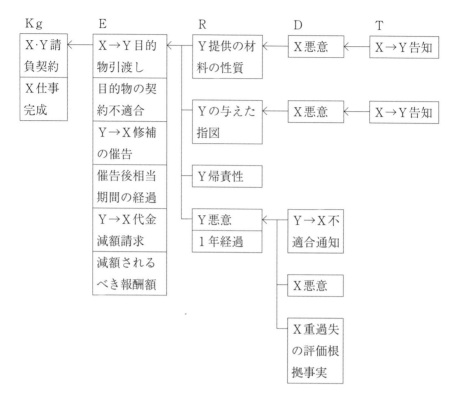

⑹　催告による解除（目的物の契約不適合）

　　前記⑵で挙げた、Yが引渡しを受けた仕事の目的物が種類又は品質に関して契約の内容に適合しない例においては、Yは、抗弁として、契約不適合を理由とする催告による解除（民法559条、562条、564条、541条本文）の抗弁として、

①　XがYに対して請負契約に基づき目的物を引き渡したこと

②　引渡し当時、①の目的物が種類又は品質に関して請負契約の内容に適合しないものであったこと

③　YがXに対して修補（履行の追完）をするよう催告したこと

④　③の催告後相当期間が経過したこと

⑤　YがXに対して④の経過後に請負契約解除の意思表示をしたこと

⑥　YがXに対して③の催告以前に報酬の弁済の提供をしたこと

を主張立証することができる（14頁参照）。

　これに対し、Xは、再抗弁として、請負人の担保責任制限（民法636条本文。前記(2)イ）、注文者の帰責事由（543条。前記(2)イ）、期間制限（民法637条１項。前記(4)イ）、不履行の軽微性（民法541条ただし書）（13、15頁）などを主張立証することができる。

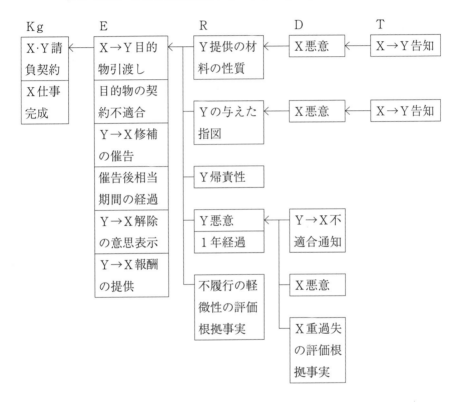

第3　注文者が受ける利益の割合に応じた報酬請求

　1　設例

　　請負人Xが請負契約に基づく仕事の完成前に仕事を完成することができなくなり、注文者Yに対して既にした仕事の結果について割合的な報酬の支払を求める場合について検討する（設例２）。

```
┌─────────────────────────────────────┐
│                                      │
│   【設例2】                            │
│           割合的報酬                   │
│       X ══════════════⟶ Y             │
│   請負人　　（請負）　　注文者          │
│                                      │
└─────────────────────────────────────┘
```

2　訴訟物

　　設例の場合において請求の根拠となる民法634条は、注文者の責めに帰することができない事由によって仕事を完成することができなくなった場合又は請負が仕事の完成前に解除された場合において、既にした仕事の結果のうち可分な部分の給付によって注文者が利益を受けるときは、その部分を仕事の完成とみなし、請負人は、注文者が受ける利益の割合に応じて報酬を請求することができる旨を規定している（以下、この場合の報酬を「割合的報酬」という。）。この割合的報酬も請負契約に基づいてされた仕事の結果に対する対価であるから、訴訟物は、請負契約に基づく報酬請求権である。

3　請求原因

　　請負人Xが注文者Yに対し、請負契約に基づきYが受ける利益の割合に応じた報酬の支払を請求する場合、Xは、請求原因として、

①　XがYとの間で請負契約を締結したこと

②[A]　Xが仕事を完成することができなくなったこと

　　又は、

　　[B]　仕事完成前に請負契約が解除されたこと

③-1　Xが②までに仕事の一部をしたこと

③-2　Xがした仕事の結果が可分であること

③-3　可分な部分の給付によってYが利益を受けたこと

④　請求額が③-3のYが受ける利益の割合に照らして相当であること

を主張立証する必要がある（民法634条）。

　　Xは、割合的報酬を請求するために、②[A]がYの責めに帰することができない事由によること（民法634条1号）を主張立証する必要はない（潮

見・新契約各論Ⅱ267）。なお、①、②[A]に加え、②[A]がYの責めに帰すべき事由によることを主張立証することにより報酬全額を請求することができる（前記第2の3(1)ウ）。

　これに対し、Yは、抗弁として、Yが引渡しを受けた仕事の結果の契約不適合を理由とする債務不履行に基づく損害賠償請求権による相殺の抗弁（前記第2の4(4)）などを主張立証することができる。

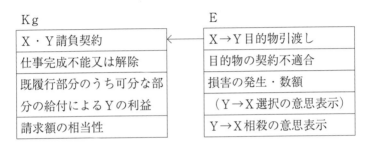

Kg	E
X・Y請負契約	X→Y目的物引渡し
仕事完成不能又は解除	目的物の契約不適合
既履行部分のうち可分な部分の給付によるYの利益	損害の発生・数額
	（Y→X選択の意思表示）
請求額の相当性	Y→X相殺の意思表示

第4　契約不適合を理由とする債務不履行に基づく損害賠償請求

1　設例

　注文者Xが、請負人Yに対し、請負契約に基づいて引き渡された仕事の目的物が種類又は品質に関して契約の内容に適合しないものであるとして損害賠償を請求する場合について検討する（設例3）。

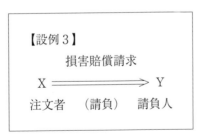

【設例3】
損害賠償請求
X ━━━━━━━━→ Y
注文者　（請負）　請負人

2　訴訟物

　改正法による改正後の民法では、売買契約に基づき引き渡された目的物が契約の内容に適合しないことは債務不履行であると整理されているが（民法562条、564条、11頁）、この規律は請負契約にも準用されるから（民法559

条）、設例の場合の訴訟物は、債務不履行に基づく損害賠償請求権である（民法415条1項）。

3　請求原因

　　注文者Xが、請負人Yに対し、請負契約に基づいて引き渡された仕事の目的物につき、契約不適合を理由として債務不履行に基づく損害賠償請求をする場合、Xは、請求原因として、

①　XがYとの間で請負契約を締結したこと

②　YがXに対して請負契約に基づき目的物を引き渡したこと

③　引渡し当時、②の目的物が種類又は品質に関して請負契約の内容に適合しないものであったこと

④　損害の発生及びその数額

を主張立証する必要がある（民法559条、562条、564条、415条1項、407条）。

4　抗弁以下の攻撃防御方法

　　Yは、抗弁として、請負人の担保責任制限（民法636条本文。前記第2の4⑵イ）、請負人の帰責事由不存在（民法415条1項ただし書。前記第2の4⑶ウ）、期間制限（民法637条1項。前記第2の4⑷イ）などを主張立証することができる。

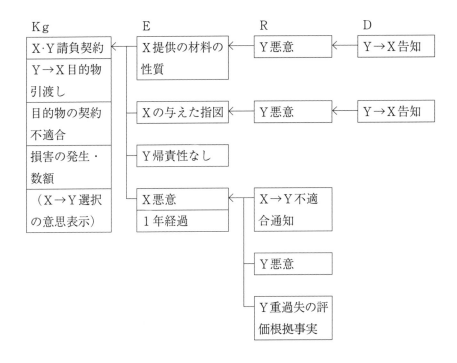

第5　所有権に基づく建物保存登記抹消登記手続請求

　1　設例

　　　注文者Xが、報酬請求権保全のために請負の目的物である新築建物につき自己名義の保存登記をした請負人Yに対し、所有権に基づき建物保存登記抹消登記手続を求める場合について検討する（設例4）。

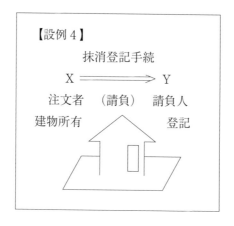

【設例4】

抹消登記手続

X ⟹ Y

注文者　（請負）　請負人

建物所有　　　　　　登記

2　訴訟物

　設例の場合の訴訟物は、所有権に基づく妨害排除請求権としての建物保存登記抹消登記請求権である（73頁）。

3　請求原因

　所有権に基づく妨害排除請求権としての建物保存登記抹消登記請求権の発生要件は、

①　Xがその建物を所有していること

②　Y名義の建物保存登記が存在すること

である（73頁）。

　①につき権利自白が成立する場合を除き、Xは、Xの所有権取得原因となる具体的事実を主張立証する必要がある。

　設例では、Xが建物の所有権取得原因事実として建物建築を目的とする請負契約の締結を主張することになる。請負人が材料を調達した場合、完成した建物の所有権は請負人が原始取得し、注文者に対する引渡しによってその所有権が注文者に移転する（最判昭40.5.25集民79.175参照）。建物建築を目的とする請負契約においては、請負人が材料を調達するのが通例であるから、請負契約を締結した事実を摘示すれば、請負人が材料を調達したことが現れているといえるため、Xが請負契約の締結と建物の完成を主張立証するのみでは、建物の所有権を取得したことを基礎付けられないと考えられる。

　一方で、注文者が完成した建物の所有権を取得するとの合意がある場合（最

判昭46.3.5集民102.219参照)、注文者が材料の主要部分を調達した場合（大判昭7.5.9民集11.824参照)、注文者が請負人に対して建物完成前に報酬を支払った場合（最判昭44.9.12集民96.579参照）には、完成した建物の所有権は注文者が原始取得するといえる。

　なお、ここでいう建物の完成とは、民法632条の「仕事を完成」と同義ではなく、建物として所有権の対象となる段階に至ったことをいうと解される（中田・契約法新版514)。具体的には、屋根及び周壁を有し、土地に定着する1個の建造物として存在するに至ったこと（大判昭10.10.1民集14.1671参照）を要する。

　これらによれば、Xは、請求原因として、

①　XがYとの間で建物建築を目的とする請負契約を締結したこと

②　建物が完成したこと

③[A]YがXに対して請負契約に基づき②の建物を引き渡したこと

　　又は、

　　[B]XとYとの間で、建物の完成と同時にXが②の建物の所有権を取得すると合意したこと

　　又は、

　　[C]Xが建物の材料の主要部分を調達したこと

　　又は、

　　[D]XがYに対して②より前に報酬を支払ったこと

④　Y名義の建物保存登記が存在すること

を主張立証する必要がある。

4　抗弁以下の攻撃防御方法

　注文者による契約の解除（民法641条。なお、③[A]の場合には、仕事が完成しているために契約を解除できないことが多いであろう。）のほか、所有権喪失の抗弁などがある（59頁以下）。

Kg

X・Y建物建築請負契約
建物完成
［A］Y→X基づく引渡し
［B］X・Y　X所有権取得の合意
［C］X材料調達
［D］X→Y報酬前払
Y登記

E

X→Y解除の意思表示

X・A売買契約

請負契約に基づく報酬請求訴訟における典型的攻撃防御の構造

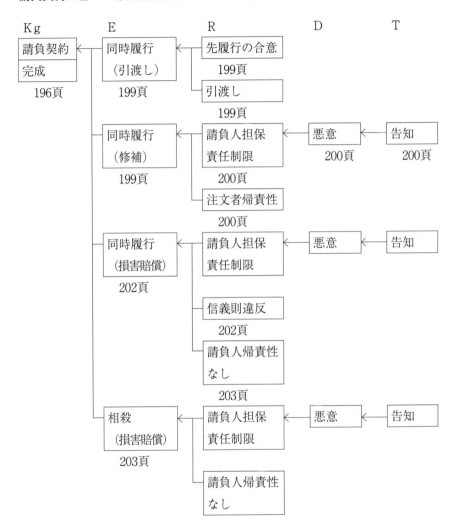

第10章　請負

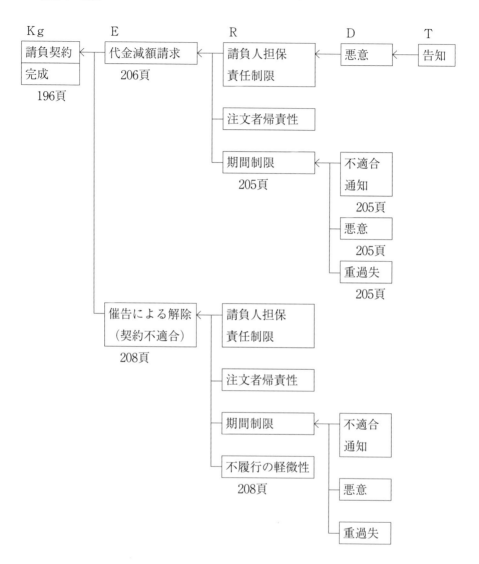

Kg
請負契約
完成
196頁

E
代金減額請求
206頁

R
請負人担保
責任制限

注文者帰責性

期間制限
205頁

D
悪意

T
告知

不適合
通知
205頁

悪意
205頁

重過失
205頁

催告による解除
（契約不適合）
208頁

請負人担保
責任制限

注文者帰責性

期間制限

不履行の軽微性
208頁

不適合
通知

悪意

重過失

請負契約に基づく割合的報酬請求訴訟における典型的攻撃防御の構造

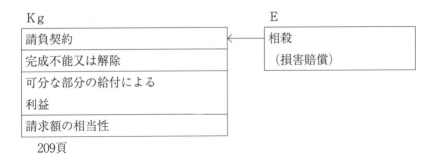

209頁

請負契約の契約不適合を理由とする債務不履行に基づく損害賠償請求訴訟における典型的攻撃防御の構造

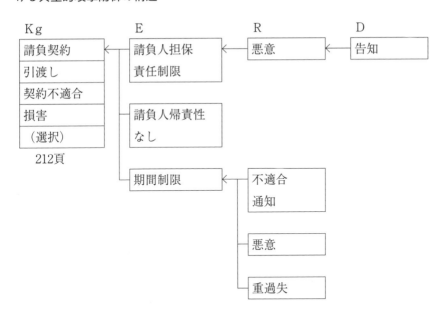

212頁

所有権に基づく建物保存登記抹消登記手続請求訴訟における典型的攻撃防御の構造

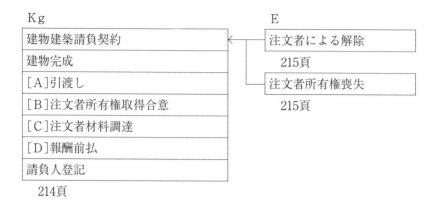

Kg

| 建物建築請負契約 |
| 建物完成 |
| [A]引渡し |
| [B]注文者所有権取得合意 |
| [C]注文者材料調達 |
| [D]報酬前払 |
| 請負人登記 |

214頁

E

| 注文者による解除 |

215頁

| 注文者所有権喪失 |

215頁

判 例 索 引

事 項 索 引

4訂 紛 争 類 型 別 の 要 件 事 実

－民事訴訟における攻撃防御の構造－　　　書籍番号　500505

平成11年7月20日	第1版第1刷発行
平成18年9月30日	改訂版第1刷発行
令和3年3月10日	3訂版第1刷発行
令和5年3月15日	4訂版第1刷発行

編　集　　司　法　研　修　所

発 行 人　　門　田　友　昌

発 行 所　一般財団法人　法　曹　会

〒100-0013　東京都千代田区霞が関1-1-1
振替口座　00120-0-15670
電　話　03-3581-2146
http://www.hosokai.or.jp/

落丁・乱丁はお取替えいたします。　　印刷製本／㈱キタジマ

ISBN 978-4-86684-095-6